로컬
도서관의
기적

_____

이 책은 2021년 대한민국 교육부와 한국연구재단의 지원을 받아 수행한 연구
결과다. (과제번호: NRF-2021S1A3A2A01096330)

서강대학교 SSK(Social Science Korea) 지역재생 연구팀은 2018년부터 교
육부(한국연구재단) 지원으로 지역창업과 중간지원조직을 중심으로 지역변
화의 가능성을 연구하고 있다.

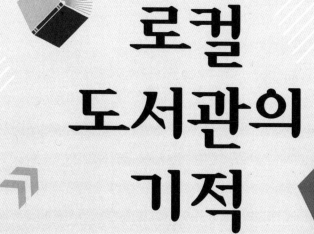

로컬
도서관의
기적

이가야 치카 지음　윤정구·조희정 옮김

더가능연구소
THE POSSIBILITY LAB

차 례

제5장
도서관은 전문가 탐정?

제6장
도서관은 제3의 장소

제7장
달려라! 북카페호

도서관에서 빗자루를 든 재수생

'인생이 바뀌는 도서관'은 언뜻 보기에는 어느 동네에나 있을 법한 평범한 도서관처럼 보였다.

우람한 체격에 검게 그을린 다정한 얼굴. 2010년 봄, 당시 19살 재수생이었던 이마무라 야마토(今村大和)는 이 도서관에 다니기 시작할 때만 해도 여기에서 자기 인생이 바뀌리라고는 상상하지 못했다. '삼수를 하면 미래는 어떻게 될까?' 하고 고민하던 시기였다.

그날도 야마토는 오전 8시 넘어 어머니 차로 도서관에 도착했다. 맞벌이로 시청에 근무하는 어머니가 출근길 중간에 있는 도서관까지 데려다주는 것이 이즈음 야마토의 일상이었다.

도서관은 9시에 문을 열기 때문에 조금 이른 시간에 도착했다. 야마토는 도서관 뒤편의 정원을 돌아 주차장 블록에 앉아서 쉬었다. 밤늦게까지 공부해서 졸음이 밀려왔다.

여기는 가고시마현 이부스키시. 사쓰마반도 최남단에 있는 인구 4만 명이 안 되는 작은 지역이다. 화산으로 형성된 자연환경의 항구도시다.

야마토는 가고시마시에서 다니던 입시학원을 그만둔 것을 계기로 이부스키 도서관에 다니기 시작했다. 그는 이부스키에 집이 있지만, 가고시마시 공립고등학교에 진학했었다. 고교 야구로 유명했던 그곳에서 기숙사 생활을 하며 야구를 했다.

양돈업을 하던 할아버지의 영향으로 수의사가 되고 싶었다. 그러나 대학 입시에 낙방하고 본가인 이부스키로 돌아왔다.

공부에 집중해야만 했지만, 본가에서도 공부에 집중하지 못했다. 그때 기분을 전환하려고 찾은 곳이 이 도서관이다. 그전까지 와본 적은 없었지만 어쩐지 마음에 들어서 매일 도서관에 다니게 되었다.

개관 전부터 주차장 블록에 앉아 기다리는 야마토를 도서관 직원들도 눈치채게 되었다. 어느 날 관장으로 불리는 여성이 야마토를 불렀다. 이런저런 세상살이를 이야기하는 중에 관장님이 빙긋 웃으며 야마토에게 "정원 청소 좀 도와주겠어요?"라고 제안했다.

의아한 제안이었지만 어느새 야마토의 손에는 빗자루가 쥐어져 있었다. 딱히 할 일도 없어서 낙엽도 쓸고 쓰레기도 주웠다. 몸 쓰는 게 익숙하기도 했고, 나름 기분 전환도 되었다.

관장님은 이제 빗자루 대신 전지가위를 건넸다. 이쯤 되면 놀랄 일도 아니었다. 전지가위를 써본 적 없는 야마토였지만 도서관 정원에 있는 정원수들의 늘어진 가지를 자르면서 솜씨가 늘었다.

관장님을 비롯해서 도서관 직원들과도 친해졌다. 비 오는 날에

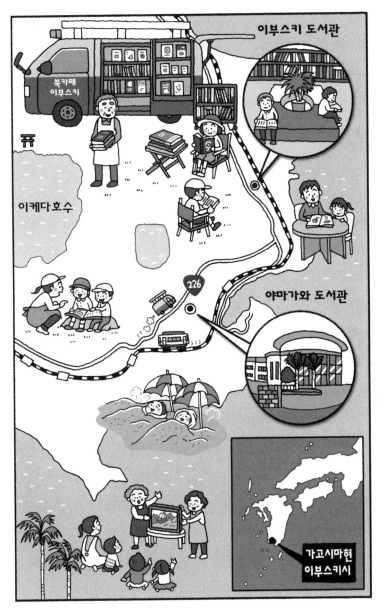

가고시마 남단의 이부스키시

로컬 도서관의 기적

는 실내 마루 청소도 했다. 친구들이 왜 그런 일을 하냐고 했지만, "나는 도서관 준직원이야."라고 대꾸했다. 그렇게 지내면서 어쩐지 안식처를 찾은 기분이 들었다.

개관하기 전까지 했던 그런 이상한 일과는 약 2년 정도 이어졌다.

동네 어르신이 말을 걸다

"차나 한잔해."

여느 때처럼 야마토가 도서관 2층 학습실에서 공부하고 있는데, 안면 있는 어르신이 손짓하며 불렀다. 함께 계단을 내려가 도서관 입구의 휴게실에 가니 또 한 명의 어르신인 사코 씨가 기다리고 있었다.

두 분은 도서관 단골인데 도서관 청소를 하는 야마토를 쭉 지켜봤다고 말했다. 야마토도 그분들이 매일 휴게실에서 쉰다는 사실을 알고 있었다.

무뚝뚝한 사코 씨는 조금 무섭게 보였다. 사코 씨는 긴장하는 야마토에게 "어이."라고 말을 건네며 근처 슈퍼에서 산 68엔짜리 캔 커피를 건넸다. "마셔."라는 의미 같았다.

'나쁜 사람 같지는 않다.' 야마토는 그렇게 생각했다.

그날부터 매일 오전 10시와 오후 3시, 정해진 시간에 노인들과 티타임을 했다. 가족 이외의 사람과 거의 대화한 적도 없고 낯가림도 심한 야마토는 티타임에 거의 듣기만 하는 편이었다.

그 이야기를 들으면서 야마토는 그분들의 인생을 알게 되었다. 젊은 시절 선원이었던 사코 씨는 전 세계를 누비며 1년에 8개월은 바다에서 살았다고 한다.

"미국에서는 권총을 사서 배 위에서 새를 맞추며 놀았지만, 일본에 갖고 들어올 수 없어서 고베항에 도착하기 전에 바다에 버렸지."

집과 도서관을 오가는 일상뿐인 재수생 야마토는 사코 씨의 바다 건너 무용담이 너무 재미있었다.

공부가 잘 안될 때는 도서관에서 나와 바다에서 바람을 쐬며 쉬곤 했다. 그러면 이내 사코 씨의 이야기가 생각나 대학에 합격하면 언젠가 사코 씨처럼 해외에 나가봐야겠다고 다짐하곤 했다.

그러나 대학 입시에 세 번 떨어지고 4수생이 되자 더욱 우울해졌다. 그럴 때면 항상 노인들이 야마토를 불러냈다. 언제 공부를 포기할지 모를 생활 속에서 노인들의 이야기를 듣는 것은 마음에 큰 위안이 되었다.

야마토는 4수 끝에 지망하던 대학의 수의학부에 합격했다. 합격 소식을 듣자마자 바로 도서관으로 달려가 노인들에게 알렸다. 무덤덤한 어르신들은 그런 소식에도 말없이 빙긋 웃기만 했다. 그래도 함께 기뻐해 준다는 사실만으로도 좋았다. 관장님과 직원들도 울먹이며 "축하해.", "잘됐다."라며 마치 자기 일처럼 기뻐해 주었다.

대학 입학 후 사코 씨처럼 외국도 갔다 왔다. 졸업 후에는 수의학과에서 만난 여성과 결혼도 했다. 추억이 깃든 도서관에서 웨딩 사진을 찍었다. 사진 속 야마토는 항상 공부하던 자리에 앉아 신부와 같이 환하게 웃고 있다.

관장님은 이 자리를 '성공의 의자'라고 불렀다. 야마토 이후에도 여러 사람이 그 자리에서 성공을 꿈꾸며 노력했고 꿈을 이루었다고 한다.

야마토는 지금 가족과 이부스키에 살며 소 전문 수의사로 일한다. 어린 딸을 데리고 가끔 도서관을 찾는 것이 큰 낙이다.

도서관은 '만남의 장'

야마토의 이야기는 일단 이쯤에서 마무리하려고 한다. 야마토는 지금 서른 살이다. 그는 열아홉에 이 도서관에 오지 않았다면 지금처럼 살지 못했을 거라고 회상한다.

"만약 도서관이 없었다면 다른 인생을 선택했을 거예요. 수의학과 진학도 포기하고 수의사도 되지 못했겠지요. 그렇게 되면 아내도 못 만났을 것이고, 아이도 없었을지 모릅니다."

인생에서 제일 힘들었던 긴 수험 생활을 버티게 해주고 꿈을 이루어준 곳이 도서관이라고 여기는 것이다.

노인들에게도 도서관은 소중한 장소다. 은퇴 후 친구와 차를 마시며 여유롭게 책을 읽겠다는 꿈을 이루어준 곳이다. 그런 도서관에서 고민하는 재수생을 발견하고 서로 차를 나누며 대화했다. 인생 선배로서 더 넓은 세상의 이야기도 전해주었다.

그런 야마토와 노인의 만남을 지켜본 것이 이부스키 도서관의 시모히고시 가오루(下吹越かおる) 관장과 직원들이다.

> "야마토가 무뚝뚝한 노인들과 처음으로 차를 마시는 장면
> 을 봤을 때는 좀 조마조마했어요. 그런데 그 후에도 계속 같
> 이 차를 마시더라고요. 어르신들 표정이 전에 없이 밝은 걸
> 보고 그제야 안도했어요."

집에서 외로운 재수 생활을 하던 야마토가 도서관에 오지 않았다면 그런 재미있는 노인들을 평생 만나지 못했을지도 모른다. 그렇게 도서관은 누구라도 이용할 수 있는 공공장소이자 평생 만나기 힘든 사람을 만나는 장소이기도 하다.

그런 만남이 때때로 인생을 바꿀 수 있다는 것을 우리는 경험으로 알고 있다.

야마토의 이야기를 들었을 때, 안토넬라 아뇰리(Antonella Agnoli)가 쓴 『지식의 광장(Le piazze del sapere: Biblioteche e libertà)』

이라는 책*이 생각났다.

안토넬라는 이탈리아에서 여러 개의 도서관을 세우고 관장도 역임한 도서관 전문가다. 그는 언제나 도서관이 처한 현실을 걱정했다.

이제는 인터넷으로 누구나 검색할 수 있기에 도서관은 필요 없다는 사람이 늘고 있다.

안토넬라는 한때는 광장, 공원, 교회 같은 공공장소에서 다양한 사람이 만나 정보를 교환하고 의견을 교류했지만, 이제는 그런 공간조차 상업화되어 제 기능을 다하지 못하고 있다고 우려한다.

> "공공도서관은 마을과 밀접히 연결된 기관이다. 지금까지의 도서관 그리고 앞으로의 도서관은 도시 공간, 즉 교회, 시장, 광장 같은 '만남의 장'과 깊은 관련이 있다. 물론 도서관도 공공장소의 위기에서 자유롭지 않다. 위기를 극복하기 위해서는 새로운 정책이 필요하다. 즉 만남의 장소로서, 누구나 이용할 수 있는 '지붕 있는 광장'으로 변해야 한다."

도서관이 처한 이런 상황은 전 세계 어디서나 마찬가지다. 일본도 예외는 아니다.

---

* 안토넬라 아뇰리 소개와 일본에서의 인터뷰는 https://pjcatalog.jp/wp-content/uploads/2020/12/04.アントネッラ・アンニョリ氏インタビュー_ask_bk_mini.pdf 참조. (역주)

수도권 집중과 저출생 고령화 때문에 인구감소와 재정난에 허덕이는 지방들은 도서관 예산을 삭감하고 책을 줄이고 사서를 줄인다. 최악의 경우에는 과소지역의 노후된 도서관을 주저 없이 폐관한다.

젊은 세대 대부분은 인터넷을 애용한다. 검색만 하면 —정확한지는 모르겠지만— 아무튼 정보를 얻을 수 있다. 그래서 굳이 도서관에 가서 책장을 넘기며 정보를 찾는 것을 쓸데없는 짓이라고 생각한다. 도서관은 매력이 없어지고 이용자도 줄어든다. 실패의 악순환에 빠지는 것이다.

이부스키 도서관도 그런 매력 없는 도서관의 하나였다. 그러나 2006년 시모히고시 관장과 동료들이 비영리법인 '책과 사람을 연결하는 소라마메회(そらまめの会, 이하 소라마메회)*'를 설립하면서 —안토넬라가 말했던— '지붕 있는 광장'으로 변신했다.

이 책은 이부스키 도서관이 그렇게 변화한 과정을 소개하고자 한다.

● 소라마메(そらまめ)는 '누에콩'을 의미한다. 비영리법인 소라마메회 홈페이지는 https://www.sorako.net (역주)

제1장

도서관계의 로방,
'올해의 도서관상'

2021년 11월 26일, 이부스키시립도서관을 운영하는 소라마메회의 이사 네 명이 도서관에 모여 긴장하며 모니터를 지켜보고 있다.

곧 '올해의 도서관(LoY, Library of the Year)' 결과 발표가 있기 때문이다.[*] 그해에 가장 우수한 활동을 한 도서관에 주는 상이다.

예년 같으면 요코하마시 패시피코 요코하마(PACIFICO 橫浜) 대회장에서 열렸겠지만, 2021년에는 코로나 때문에 온라인으로 심사했다. 이 상은 최종 심사에 이르기까지 여러 번 면밀한 심사를 하는 까다로운 절차로 유명하다.

2021년 LoY는 우선 전국 각지에서 추천받은 28개 도서관이 심사 대상이다. 심사자 투표로 1차 심사를 통과한 곳은 11개. 전국적으로 저명한 곳들이 대부분이다.

세계적인 건축가 이토 도요오(伊藤豊雄)가 공들여 만든 '모두의 숲 기후 미디어 코스모스'[**]는 기후시의 복합시설로서 기후시립중앙

---

[*] LoY는 일본 지적자원이니셔티브(IRI 知的資源イニシアティブ)가 2006년부터 매해 우수 도서관을 선정하여 수여하는 상이다. 자세한 내용은 https://www.iri-net.org/about/enkaku/ 참조. (역주)

[**] https://g-mediacosmos.jp (역주)

도서관 외에 다목적 홀과 시민 갤러리 등이 있는 곳이다. 특히 아이들이 누워서 책을 볼 수 있는 공간과 중고생 전용 열람석 등이 인기여서 이전보다 젊은 세대의 이용이 늘었다고 한다.

이 외에도 아오모리현 하치노헤시(八戸市)가 만든 공설 서점과 하치북 센터[•], 이용자들의 문의를 정리한 책『100만 번 죽은 고양이: 착각한 제목 모음집(100万回死んだねこ: 覚え違いタイトル集)』으로 유명해진 후쿠이현립도서관·문서관·후루사토문학관, 건축을 테마로 독자적인 도서관을 만든 가나가와현 야마토시 문화창조거점 시리우스 등 쟁쟁한 곳들이 2차 심사에 올랐다.

거기에 소라마메회가 포함되었다. 이부스키시립도서관은 시내에 있는 이부스키 도서관과 야마가와 도서관 두 곳을 말한다. 이 두 개의 도서관은 세계적인 건축가가 설계한 곳도 아니고 특화된 테마를 기획한 곳도 아니다. 그럼에도 후보에 오른 것이다.

2021년 9월, 2차 심사가 진행되었고, 여기에서 아카시 시민도서관(효고현 아카시), 후쿠이현립도서관·문서관·후루사토문학관, 쓰고고등학교 도서관(미에현), 이부스키시립도서관을 운영하는 소라마메회 등 네 곳이 우수상을 받았다.

[•] 하치북 센터 홈페이지는 https://8book.jp. 이어서 등장하는 기관들의 홈페이지는 다음과 같다. 후루사토문학관 https://www.library-archives.pref.fukui.lg.jp/tosyo/index.html, 가나가와현 야마토시 문화창조거점 시리우스 https://yamato-bunka.jp, 이부스키 도서관 https://www.minc.ne.jp/ibusukilib, 아카시 시민도서관 https://www.akashi-lib.jp, 쓰고고등학교 도서관 https://www.tsuko.ed.jp/library. (역주)

"진짜?"라고 말하던 순간

지금까지는 주로 서류 심사였지만 최종 심사는 각 기관의 발표 심사로 진행되었다.

온라인으로 많은 관계자와 시청자가 지켜보는 가운데 이부스키시립도서관과 소라마메회의 영상이 재생되었다.

5분 34초짜리 영상은 도서관 이용자와 도서관을 지지해준 사람들의 인터뷰가 대부분이었다. * 자신들의 활동 소개에만 주력한 다른 도서관에 비해 매우 이례적인 내용의 동영상이었다.

항상 도서관을 이용하는 요시모토 가족 모두가 집에 있는 것처럼 책을 보면서 편히 지내는 모습이 나왔다.

옛날부터 도서관을 애용했다는 기노시타 미쓰미(木之下三美)는 "직원들이 엄청나게 공들여 여러 가지 이벤트를 여는데, 내용이 세심하고 센스 있는 느낌이에요. 예전에 비하면 도서관이 꽤 멋지게 변한 것 같아요."라고 말했다.

지역부흥을 지원하는 이마무라 슌이치(今村俊一)는 "원래 책을 별로 좋아하지 않아서 도서관에 가지 않지만, 도서관이 진행하는 활동에 매력을 느꼈고 도서관에 온 분들과 꿈을 나누는 게 좋아요."라고 말했다.

초등학교 3학년 남자아이는 "내가 책을 정하지 못하고 있을

● https://www.youtube.com/watch?v=-1Ys7AgWZZY (역주)

로컬 도서관의 기적

때 내게 맞는 책을 찾아줘서 좋았어요."라며 칭찬했다.

우수상을 받은 4개 기관의 프레젠테이션이 끝나자 심사위원들은 감상을 발표했다.

"많은 시민이 칭찬하는 도서관 같군요. 자기 가족을 자랑하는 것 같은 따뜻한 마음을 느낄 수 있었습니다."

대상은 최종 심사 마지막 날에 발표한다. "설마 우리가 대상을 받겠어?"라며 떨리는 마음으로 모니터를 응시하고 있는 네 명은 대상이 발표되자 너무 놀랐다.

"대상은 이부스키시립도서관입니다. 축하드립니다."

그 순간 모두가 "진짜?"라고 외치며 환호했다. LoY 15년 역사에서 규슈 지역의 도서관이 대상을 받은 것은 최초였다.

다음 날 지역신문과 전국 신문에서도 대대적으로 이 사실을 보도했다. 기사를 본 사람들이 신문을 들고 도서관에 몰려들었다. "그게 우리예요."라며 소라마메회 회원들은 환하게 웃었다.

항상 도서관을 이용하는 어르신도 칭찬하고 격려해 주었고, 마을 주민 모두가 함께 기뻐했다.

"대상 수상도 기뻤지만, 이용자들 모두가 진심으로 축하

LoY 상장과 트로피를 든 소라마메회 운영진

해준 것이 더 좋았습니다."

야먀가와 도서관 관장이자 소라마메회 이사인 히사카와 아야
노(久川文乃)는 이렇게 회상한다.

지 정 관 리 자 제 도 도 입

"감사합니다. 정말 놀랐어요. 우리와 인연이 없는 딴 세상
의 상이라고만 생각했거든요. 평범한 이용자였던 우리가 도
서관 운영을 시작한 지 15년이 지났는데, 15년 되는 해에 이
런 큰 상을 받으니 정말 꿈만 같아요. 지난 시간을 보상받는
기분이네요."

이부스키 도서관에 전시된 축하 메시지

야마가와 도서관에 전시된 축하 메시지

시모히고시는 최종 심사회에서 대상 수상 소감을 이렇게 말했다. 그는 일개 시민, 초보자였다고 말했지만 15년간 꾸준히 진심으로 도서관을 위해 일해왔다.

LoY 공식 홈페이지에는 다음과 같은 선정 이유가 게시되어 있다.

> "다양한 관점의 시민의 목소리를 담은 영상이 인상적이었고, 오랫동안 활동이 축적되었다는 점도 설득력이 있었다. 수상 이유에서 시민과 함께 행동하고 배우는 자세를 강조한 것처럼 '시민 비영리법인에 의한 지정관리 지속 모델'을 제시한 점은 도서관의 미래를 위해서도 시사하는 바가 크다."
>
> ― 오카노 히로유키(岡野裕行) 심사위원장

'지정관리'는 지정관리자제도를 말한다. 이 제도는 2003년 「지방자치법」 일부 개정에 따라 영리기업과 비영리법인 등도 공공시설을 위탁 운영할 수 있게 되면서 시작했다. 그전까지는 지자체나 지자체 출자 법인에 한정되었던 운영이 민간으로 확대된 것이다. 민간 사업자의 노하우를 활용하여 주민의 다양한 수요에 대응하고 서비스 질을 향상하기 위해 도입한 제도다.

CCC(Culture Convenience Club)가 운영하는 사가현 다케오 시립도서관은 대표적인 지정관리자제도 도입 사례다. CCC는 2013년 다케오시립도서관의 지정관리자가 되어 도서관을 리뉴얼 오픈했다. 스타벅스와 쓰타야서점이 함께 있어 미디어의 주목을 받았고, 많은 논란으로 화제가 되기도 했다.

지요다구립도서관도 2007년에 이 제도를 도입하면서 리뉴얼 오픈했다. 일본 유수의 비즈니스 거리인 지요다구의 도서관답게 비즈니스맨 대상의 서비스를 특화하여 운영한다.

지정관리자제도에 대한 호평도 있지만 한편으로는 도입 초기부터 도서관 분야의 반발도 컸다. 위탁 기간이 3~5년으로 짧은 편이어서 장기 계획이 필요한 도서관 분야에는 적절하지 않으며, 지자체가 경비 절감만을 위해 도입한다면 고용 환경 악화 등 원래의 도입 취지와 다른 폐단이 발생할 수 있다는 비판이 그것이다.

그러나 이 제도를 도입하는 도서관은 매해 늘고 있다. 일본도서관협회 조사에 의하면 2019년까지 지정관리자제도를 도입한 도서관은 606개다. 전국의 도서관이 약 3,300개이므로 꽤 큰 비중으로 도입이 확산되고 있다.

606개 도서관 가운데 민간기업이 운영하는 곳은 483개고, 소라마메회처럼 비영리법인이 운영하는 곳은 42개로 10%도 되지 않는다. 일반적으로 비영리법인은 예산을 확보하기 어렵고 지속해서 운영하는 것도 힘들다. 지자체 위탁 예산으로는 채산성이 맞지 않아 지정관리자가 되었다가 그만둔 비영리법인도 있다.

그런 중에 소라마메회가 비영리법인 최초로 LoY 대상을 받았다. 소라마메회는 어떻게 이부스키 도서관을 운영해왔을까.

매력을 잃어버린 도서관

소라마메회 설립은 참여한 이들에게조차도 전혀 예상 밖의 일이었다.

발단은 시가 이부스키 도서관과 야마가와 도서관에 지정관리자제도를 도입하겠다고 발표한 2006년 6월로 거슬러 올라간다. 그해 1월 옛 이부스키시와 야마가와정, 가이몬정이 합병되어 새롭게 이부스키시가 되었다.

당시 이부스키 도서관은 전산화되어 있지 않았고, 2005년에는 이동도서관도 폐지하여 점점 매력을 잃어가고 있었다.

지금 이부스키 도서관장을 역임하고 있는 시모히고시도 당시에는 책을 찾는다고 말하면 "거 없으믄 읍써요(거기에 없다면 없어요)."라는 통명스러운 답을 들었고, 대출 중인 책을 예약하고 싶다고 하면 "언제 반납될지 모르지만, 그때 다시 오세요."라는 기계적인 말을 들어야 했다.

전산화되어 있지 않아서 집에서 검색하는 것도 불가능했다. 다섯 권을 빌렸을 때는 전부 반납하지 않으면 새로 책을 빌릴 수 없었고, 전화로 대출을 연장하는 것도 불가능했다.

그러던 중 보육사였던 시모히고시에게 이부스키 도서관의 여성 사서가 말을 걸었다. 처음 본 사람이었다. 이 여성 사서는 시모히고시의 집으로 찾아와 도서관을 잘되게 하고 싶으니 도와달라고 요청했다.

그 말에 열의를 느낀 시모히고시는 2005년 지역과 도서관에서 활동하는 이야기 모임의 네트워크를 살려서 자원봉사그룹을 만들었다. 이것이 비영리법인 소라마메회의 전신이다.

소라마메회는 도서관의 이벤트와 이야기 모임 등을 적극적으로 진행하며, 십여 년간 변화가 없던 벽면 모니터의 화면도 매달 바꿨다. 도서관의 극적인 변화에 매력을 느낀 시민들의 호응도 크게 나타나 이용자가 늘었다.

그즈음 지정관리자제도가 도입되었다. 뉴스를 들은 시모히고시와 멤버들은 놀랐다. 도서관 직원과 도서관을 지원해준 사람들로부터 소라마메회가 도서관을 운영해달라는 요청이 있긴 했지만, 당시 시모히고시는 보육사였고 다른 멤버도 모두 자기 직업이 있었다. 무엇보다 그 누구도 공립도서관을 운영한 경험이 없었다.

"어떻게 하지? 이대로는 우리 마을 문화와 역사도 모르고, 마을에 마음도 없는 기업이 도서관을 운영할지도 모르는데."

제도가 도입되면 도서관 업무 경험과 인재도 풍부한 외지의 민간기업이 하청받을 것 같았다. 그렇게 지역 연고가 없는 기업이 맡게 되면, 친근했던 도서관 느낌이 변할 것만 같았다.

비영리법인 설립

소라마메회 멤버들은 깊은 고민에 빠졌다. 논의를 거듭한 끝에 비영리법인을 만들어서 도서관을 운영하고, 마을 도서관을 소중히 여기는 이들과 함께하기로 결심했다.

시모히고시는 그때의 일을 이렇게 회상한다.

"공립도서관은 도서관법 제17조에 도서관 무료 원칙이 있어서 입장료 말고는 도서관 자료 이용에 어떠한 대가도 징수할 수 없어요.

그러나 민간회사가 맡으면 수익을 이익으로 환원하여 사업을 성장시키려고 하겠지요. 경비 절감은 불가피할 것이고요.

반면, 우리는 시로부터 받는 지정관리비를 도서관 운영에 전부 투입하자고 생각했습니다. 비영리조직으로서 마을과 미래의 아이들을 위해 우리가 할 수 있는 일을 찾으려고 했어요. 도서관은 무료라는 원칙처럼 비영리법인도 무상이 기본입니다. 그런 점에서 일정 부분 비슷하다고 생각했어요."

일단 결심했지만, 그때부터 고난의 연속이었다. 공립도서관 운영도 처음이었고 시간도 별로 없었다.

지정관리자제도 도입이 발표되고 4개월이 지난 10월에 지정관리자 응모가 마감되기 때문이었다. 소라마메회 멤버들은 비영리법인에 관해 상담하기 위해 가고시마 현민 교류센터에 다니면서 서류를 준비했다.

일이 끝나고 매일 밤 시모히고시의 집에 모여 정관과 회칙을 만들었다. 당시 시모히고시에게는 대학 입시와 고교 입시를 준비하는 자녀들도 있었다. 살림과 수험생을 돌보는 일을 병행하는 작업이었다. 잠을 제대로 자지 못하는 날도 있었다.

8월에 근무하는 보육원을 쉬고 사서교사 자격증을 취득하기 위해 가고시마대학에 다녀야만 했다. 지정관리자 모집 요강에 "직원의 절반이 사서 자격을 갖춰야 한다."라고 나와 있었기 때문이다.

10월에 소라마메회 비영리법인 인가가 이루어졌다. 간신히 기준을 갖추고 월말 응모 마감에 맞춰 지정관리자 후보가 되었다. 멤버 전원이 사서 혹은 사서교사 자격을 갖췄다.

그러나 안심할 수 없었다. 다른 민간기업 4개 사가 응모했기 때문이다. 지역 시민이 도서관을 운영하기를 기대하는 시의원은 거의 없었다. 지정관리자는 시의 문화교육위원회, 지정관리자 선정위원회를 거쳐 2006년 12월 시의회에서 결정되었다.

"이의 없으신 분은 기립해 주세요."

방청석에서 시모히고시는 예상과 달리 다수의 의원이 덜커덕덜커덕 의자에서 일어나는 소리를 들었다. 그는 그 모습을 '우리가 운영하게 되는구나.' 하며 보고 있었다고 한다. 소라마메회는 멋지게 지정관리자에 내정되었고, 그 막중한 책임이 현실로 다가오는 순간이었다.

겁 없이 달려들었다

소라마메회 이사로 현재 야마가와 도서관장을 역임하고 있는 히사카와에게 왜 직접 도서관을 운영하려고 했는지 물어보았다.

히사카와는 원래 이부스키 시내의 초등학교에서 사서로 9년 동안 일하고 있었기 때문에 그대로 학교 사서로 일해도 되는 상황이었다.

> "당시 아직 20대이기도 했지만, 내가 하면 과연 도서관이
> 바뀔 수 있을까 하는 생각을 했어요."

학교 사서로서 이부스키시립도서관을 이용해 온 히사카와는 학교의 학습 지원 때문에 학교 도서관에는 없는 자료를 찾을 일이 많았다. 그러나 이부스키 도서관은 전산화되어 있지 않아서 자료 찾기가 너무 힘들었다.

> "자료를 찾기 어려웠어요. 직원에게 물어보아도 알아서 찾
> 으라는 말만 되풀이하는 상황이었죠."

그래서 이부스키시립도서관이 조금이라도 이용하기 편한 곳이
되면 좋겠다는 생각에 자원봉사클럽 소라마메회에 참여하여 일을
거들기 시작했다.

"저뿐만 아니라 다른 학교 사서들도 같은 마음이었어요.
자기 고민을 해결하면서 동시에 공공도서관과 학교 도서관
의 징검다리 역할을 하고 싶어서 비영리법인으로 운영하자는
시도에 동참했어요.
또한 당시 도서관 사서분이 초등학교 어린이뿐만 아니라
이부스키 주민을 위해 힘써줬으면 좋겠다고 말한 것에서 큰
용기를 얻기도 했습니다."

시가 직영할 때부터 이부스키 도서관에서 일하던 오카노 히사
코(岡野久子)는 "비영리법인이 뭔지도 잘 몰랐어요. 그냥 가벼운 생
각으로 들어왔지요."라며 웃었다.
그가 도서관에서 파트타임 직원으로 일할 때, 지정관리자제도
가 도입되었다. 청천벽력 같았지만, 시모히고시와 다른 멤버들의 제
안으로 합류하게 되었다.

"도서관에서 일할 수만 있다면 어떤 형태라도 상관없다고
생각했어요. 그런데 파트타임으로 일할 때보다 본격적으로
비영리법인 일을 해보니 정말 힘들더군요."

그런 오카노는 현재 이부스키 도서관 부관장이다. 함께 이사를 맡고 있는 도쿠도메 에리(徳留絵里)는 가고시마현 낙도에서 고등학교 도서관 사서로 4년간 일했고, 지금은 야마가와 도서관 부관장이다.

"학교 도서관은 임기가 정해져 있으니 지정관리자를 해보면 어떻겠냐는 제안을 받았어요.
학교 도서관은 수평적 운영구조가 아니고 연수도 충실히 받을 수 없기에 별로 큰 기대 없이 일했지만, 비영리법인이 공공도서관을 운영하면 어떻게 되려나 하고 설레었어요."

즐거운 인상을 지닌 그 역시도 "막상 뚜껑을 열고 보니 큰일이었다."라며 웃었다.
보육사였던 시모히고시는 어린이집을 그만두는 과정에서 아이들에게 말도 못 하고 낮잠 시간에 몰래 헤어졌다. 돌아오는 차에서 눈물을 흘렸다고 한다. "내 선택이 틀린 것은 아닌지 자책했습니다."라고 회상한다.
이렇듯 소라마메회 이사 네 명의 도서관에 관한 생각은 각기 다르지만, 공통점은 하나였다.

"결국 겁 없이 달려들었네요. 앞으로 힘들겠지요. 이젠 돌이킬 수도 없고, 도서관 운영을 할 수밖에 없어요. 누군가는 해야 할 일이니까 인생을 걸 수밖에 없잖아요."

그 후로 2007년 4월 본격적인 도서관 운영을 시작하기까지 고난의 시간이 이어졌다.

제2장

새로운 도서관이
시작되다

항구마을의 도서관

　이부스키시는 사쓰마반도 남동쪽 끝에 있다. 연평균 10도의 온난한 지역이다. 무궁화꽃이 피고 열대 나비들이 몰려든다. '동양의 하와이'라고 불리며 매년 4월에는 '알로하 선언'을 하고, 10월까지 시 직원과 은행원, 우체국 직원, 역 직원, 관광협회 사람들, 그리고 도서관 직원까지도 알로하 셔츠를 입는다.

　가고시마현 공식 홈페이지에서는 시 이름의 유래를 이렇게 설명한다.

　　"시명은 이부스키(指宿), 군명은 이부스키(揖宿)라고 쓴다.
　　와묘쇼(和名抄)에는 이후스키(以夫須岐)라고 쓰여 있다.
　　모래찜질 온천 등 온천 관광지로 유명하여 고대 사람들은
　　유호스키(湯豊宿), 즉 온천수가 풍부한 곳이라고 불렀다."●

● https://www.pref.kagoshima.jp/ab23/pr/gaiyou/rekishi/bunka/yurai.html (역주)

이부스키시는 지금도 온천이 유명하다. 바닷가에서 용출 온천으로 뜨거워진 모래에 몸을 담그는 모래찜질 온천은 세계적으로도 드물다. 소설『죽음의 가시(死の棘)』로 유명한 작가 시마오 도시오(島尾敏雄)도 이부스키에서 요양한 적이 있다.

고대부터 온천이 풍부했던 이부스키를 '화산 긴자'라고도 부른다. 아직도 이곳저곳에서 활발한 화산활동 흔적을 볼 수 있다. 시 중앙에 있는 이케다 호수는 5,700년 전 화산활동으로 생긴 칼데라 호다.

이부스키를 방문한 민속학자 야나기다 구니오(柳田国男)는 『일본의 전설』에서 이케다 호수의 전설을 이렇게 소개했다.

"규슈 남쪽 끝, 사쓰마의 가이몬다케 산기슭에는 이케다라는 아름다운 화산 호수가 있다.

얼마 안 되는 육지에 의해 바다와 막혀 조금 높은 곳에 올라서면 바다와 호수를 같이 볼 수 있지만, 이케다 신은 대양과 비교하는 것을 매우 싫어했다.

그래서 호수 가까이 와서 바다 이야기와 배 이야기를 하는 사람을 보면 큰 바람과 파도를 만들었다는 일화가 전해진다."

그런 오랜 자연과 역사를 가진 이부스키시에 이부스키 도서관과 야마가와 도서관이라는 두 개의 시립도서관이 있다.

이부스키 도서관

야마가와 도서관

로컬 도서관의 기적

우선 중앙관 역할을 하는 이부스키 도서관에 가려면 이부스키 역에서 내려야 한다. 이부스키의 대표적인 풍경인 역 앞 야자수 거리를 몇 분 정도 걸으면 도서관이다.

인기 포켓몬 '이브이'와 시 이름이 비슷해서 이브이를 '이부스키시 스폿·문화교류대사'로 임명했다. 이브이와 그 진화계인 포켓몬 맨홀을 시내 관광시설 가까이에 설치했다. 이부스키 도서관도 그중 하나로 건물 앞 보도에는 (포켓몬 중 하나인) '닌피아' 맨홀이 설치되어 있어서 이를 보기 위해 관광객이 오기도 한다.

도서관 건물은 1984년에 건축한 것으로, 인기 있는 카페나 복합시설도 없다. 장서는 약 9만 권 정도이고, 대출 건수는 연간 120만 건, 연간 방문자는 약 3만 5천 명 규모로서 가고시마현의 다른 지자체 도서관과 비교해도 평범한 수준이다.

이런 데이터로는 왜 LoY 대상을 받았는지 알 수 없다. 평범한 도서관이 일본에서 가장 주목받는 도서관이 된 까닭은 오로지 소라마메회가 한 걸음 한 걸음 밟아온 15년 발자취에 있다. 물론 그 길은 절대로 평탄하지 않았다.

서투르게 도서관 운영 시작

울고 웃어도 시간은 기다려주지 않는다.

드디어 2007년 4월 1일, 소라마메회가 도서관 운영을 시작하는 날이 되었다. 그 전날, 시모히고시는 시설 인수인계를 받기 위해 이부스키 도서관으로 향했다.

건네받은 것은 도서관 열쇠 달랑 하나였다. 그런데도 그 가벼운 열쇠가 무겁게만 느껴졌다. 내일 아침부터 이 열쇠로 도서관을 여는 것은 소라마메회다. 바로 그 책임의 무게였다.

열쇠를 받고 도서관을 뒤로하다가 무심코 뒤돌아보았다. 그동안 아무 생각 없이 즐겁게 다녔던 도서관이 너무도 크게 보였다.

"내일부터 정말 우리가 도서관을 운영할 수 있을까, 걱정이
태산이었어요. 불안함에 가슴이 조여 오는 것 같았죠."

시모히고시는 도서관을 인수한 그날의 일을 어제 일처럼 생생하게 기억한다.

그런 걱정도 무리는 아니었다. 당시 시청 담당자가 4월 1일부터 전원 다른 부서로 배치되어 새로운 담당자도 없던 상태였다. 게다가 담당 부서는 사회교육계가 아니라 문화재계여서 도서관 운영에 관해 들어줄 사람은 그 누구도 없었다. 지정관리자에게 원활하게 인수인계하기 위해 전임자가 남아 있거나 시청 담당자가 파견된 상태가 아니었다. 새로운 이부스키 도서관은 소라마메회 멤버만으로 시작해야 하는 상황이었다. 암흑 속을 더듬어 걷는 것만 같았다.

그렇게 맞이한 새로운 개관일. 소라마메회는 2007년부터 2009년까지 3년 동안 위탁 운영하기로 했다.

전기회사 계약 입찰을 진행해야 했고*, 세금, 보험료, 비품, 시설관리 문제 등을 모두 스스로 처리해야만 했다. 온통 모르는 것 투성이였다.

지금까지 사용하던 컴퓨터와 복사기도 반납해야 했고, 전화번호는 바꾸지 않더라도 2~3일 안에 명의도 변경해야 했다. 이런 인수인계 작업은 사용자에 대한 서비스와 관계없이 이루어져야만 하기에 가능하면 빨리 마쳐야만 했다.

인수인계 내용은 컴퓨터에 남아 있는 파일에 의존했지만, 그마저도 한계가 있었다. 모르는 것을 전임자에게 전화해서 일일이 확인해야만 했다.

그렇게 시작해서 1년 동안 실패하지 않기 위해 조심조심 일했다. 특히 신경 쓴 것은 경비였다. 도서관 두 곳의 운영에 돈이 얼마큼 들지 가늠조차 안 되던 때였다. 대차대조표조차 읽을 수 없던 상태였다.

그런 상황일 때 소라마메회를 도와준 것이 지역 주민들이다. 당시 이부스키시 상공회의소 앞에서 회계사무소를 하던 남성은 "비영리법인이라 돈도 없고 경리담당자도 없지요? 경험도 없을 테니 1년간 무료로 지원해드리죠. 하지만 2년 차부터는 제대로 예산을 세워서 지불하세요. 2년 차부터는 제대로 된 업무를 하길 바라요."라며 회계 업무를 처음부터 차근차근 가르쳐주었다.

● 일본은 전기회사를 민영화하여 여러 개의 회사가 있다. (역주)

LoY 최종 심사를 위한 동영상에 그 회계사무소 소장님도 등장한다. 소라마메회가 운영을 시작했던 당시를 회상하며 "미안하지만, 정말 제대로 할 수 있으려나 하고 생각했어요."라고 말했다.

그 말을 들은 시모히고시는 "우리도 이렇게 계속할 수 있을 거라고는 생각하지 못했어요."라며 솔직한 심정을 말했다. 소장은 웃으며 말을 이었다.

"무엇보다 역시 당신들이 열심히 했기에 잘된 거예요."

15년간 소라마메회를 죽 지켜본 사람의 말이다.

넘 쳐 나 는 책 , 천 장 에 서 는 비 가 새 고

하나하나 탐색하면서 운영을 시작한 소라마메회였지만 새롭게 시작한 것도 있다. 도서관 청소와 수리다. 그때까지의 도서관은 조금 침침한 분위기로 구태의연한 모습이었다.

그래서 우선 도서관 안팎 구석구석을 청소하고 광을 냈다. 먼지가 쌓여 있는 조명등도 청소하고 조명갓 안쪽에 알루미늄 포일을 붙여 좀 더 밝게 했다.

서가도 고쳤다. 일반적으로 지역 도서관에서는 '처분'이라는 작업을 한다. 법률 개정 때문에 정보 가치가 없어진 법률서 등 이용

햇빛 드는 이부스키 도서관

자에게 불필요한 책을 없애는 과정이다.

하지만 시가 직접 운영하던 이부스키 도서관에서는 이 처분 작업이 제대로 이루어지지 않았고, 새로 입고한 책과 균형이 맞지 않아 책이 넘쳐났다. 많은 책을 수납하기 위해 책장을 추가로 얹었기 때문에 큰 창으로 들어오는 햇빛을 막았다. 그런데 찢어지고 오염된 책과 정보 가치가 없는 책들을 정리했더니 관내 전체가 밝아졌다.

비 오면 천장에서 비 새는 곳이 한두 군데가 아니었다. 시와 협의하여 예산을 편성하고 수리하여 파손된 벽도 고쳤다.

3년 차에는 수리뿐만 아니라 리모델링도 시작했다. 오래된 정수기도 교체하고 지저분한 벽도 깨끗이 수리했다. 현관 주변의 벽도 페인트를 칠했다.

10만 엔 이상 경비가 드는 것은 시와 협의해야 했지만, 그 이하는 소라마메회의 지정관리비에서 갹출해야 했다. 공사 의뢰를 받은 업자는 "비영리법인이기 때문에 돈이 없지요. 애써서 경비를 줄이려는 것도 알아요."라며 최대한 협력해 주었다.

"밝아졌네. 무슨 마법을 부린 거야?"

어느 날 여성 이용자 한 분이 이렇게 말했다. 그렇게 도서관은 눈에 뜨일 정도로 변화를 보였다.

이제는 도서관에 가면 밝은 관내 모습에 놀란다. 7미터 높이의 창으로 근처 공원의 푸른 잔디도 보인다. 탁 트인 창가에는 시민카

폐사업으로 구입한 파라솔과 의자가 배치되어 있고, 키 큰 아열대 관엽식물이 놓여 있다. 마치 리조트 호텔 같은 공간에서 이용자들은 느긋하게 책을 읽을 수 있다.

직면 과제

운영을 맡고 나니 도서관의 과제도 보였다. 서가에서 빼낸 책의 정리가 힘들어 폐서가 창고에 책이 넘쳐났다. 특히 지역 자료를 모아놓은 향토자료관 문제가 심각했다.

이부스키는 옛날부터 고구마 재배가 번성했던 곳이다. 2층 향토자료실에는 약 9천 점의 고구마 관련 자료가 있었다. 지역 고구마 연구자가 기증한 것이지만 활용되지 못한 채 놓여 있었다.

소라마메회가 맡은 운영에는 이 고구마 자료 정리도 포함되어 있었다. 고구마 자료는 이용자가 이용하기 쉽게 분류되어 있지 않았고, 연구자 임의로 분류한 것이었다. 정리도 한 번에 끝나지 않아서 두 번을 해야 했다.

또한 소라마메회의 실패도 있었다. 1년 차에는 절약하면서 도서관을 운영했지만, 비영리법인이라도 천만 엔 이상의 소득이 발생하면 비과세 혜택을 받을 수 없다는 사실을 몰랐다.

그래서 2년 차에 세금 1,505만 엔이 부족한 상태가 되었다. 소라마메회는 시와 상담했지만 해결되지 않았다. 어떻게 해도 1,505

만 엔이 부족했다. 할 수 없이 3년 차에는 직원 급여를 삭감했다. 쓰라린 기억이다.

고난의 연속이었던 1년 동안 질타와 격려를 하면서 응원해준 것은 이용자들이었다.

시가 직영할 때는 '독서 축제'라는 행사가 있었다. 학교 사서 중심으로 참가하여 우량 독서 그룹 표창과 개근 표창 등을 하였다. 유치원과 학교의 독서 활동 전시, 실적 보고 및 외부 강사의 강연회 등도 열렸다. 솔직히 그냥 봐도 두근거리는 이미지와는 거리가 먼 보여주기식 행사였다.

소라마메회는 인수인계 후, 허둥대지 않고 여름방학이 되기 전에 각 학교 교장과 학교 사서 모임에서 독서 축제에 관한 의견을 수렴했다. 1년 차에는 준비 시간이 부족해서 가을에 이전과 같은 형식으로 축제를 답습할 수밖에 없었다. 하지만 민간이 하는 독서 축제에는 학교 사서의 참가 의무도 없어서 학교 관계자나 시민회관 관계자의 수가 격감했고, 교육장의 인사말도 표창식도 없었다.

독서축제평가회에서 학교 사서들은 "소라마메회가 해도 변한 게 없다."라고 유감을 표명했다. 그런 의견을 진지하게 받아들여서 다음 해에는 내용을 조금 바꾼 독서 축제를 개최했다. 그러나 여전히 학교 사서들의 기대에는 못 미쳤다.

3년 차에는 큰맘 먹고 시에 양해를 구했다. 독서 축제를 '도서관 페스티벌'로 이름을 바꾸고, 일반 참가자도 올 수 있도록 주차장이 넓고 각 학교에서도 오기 좋은 야마가와 도서관으로 장소를 변

로컬 도서관의 기적

경했다.

행사장에서는 헨젤과 그레텔, 마녀로 분장한 직원들이 손님을 맞았다. 직원이 박스와 재생 용지로 만든 과자집은 아이들에게 큰 인기를 끌었다. 초등학교 여학생이 1일 도서관장을 맡아 책갈피 만들기 체험을 도와주었다. 매해 가을에 열리는 이 도서관 페스티벌은 어린이뿐만 아니라 어른들도 좋아하는 이벤트가 되었다.

책 구입 방법도 바꿨다. 대량의 책을 구입하는 공립도서관은 서적 납품업자가 추천한 책을 골라 구입하는 경우가 많다. 도서관으로서는 그만큼 작업 공정이 단축되기 때문이다. 그러나 일방적이고 획일적인 책 선정은 문제도 많았다.

소라마메회는 이 서비스를 일부 해약하고 지역에 필요한 책과 아이들이 읽을 만한 책 그리고 지역에 남길 필요가 있는 향토 자료를 중심으로 구입했다.

그러자 "도서관에서 이벤트를 열어줘서 즐겁다.", "좋은 책이 늘었다."라는 목소리가 들려오기 시작했다. 이런 의견은 소라마메회 구성원들에게 큰 격려가 되었다.

최초의 3년은 달음박질에 지나지 않았다. 더듬거리면서도 착실히 해온 도서관 운영이 좋은 평가를 받아 위탁 운영이 연장되었다. 1차 때와 달리 2차 지정관리자 선정 과정에는 다른 업체가 지원하지 않아서 경쟁자도 없었다.

"소라마메회처럼 지역에 뿌리를 내리는 세심한 서비스는

다른 누구도 할 수 없다."

다른 사업자들이 그렇게 판단했을 거라는 소리가 흘러나왔다. 물론 이런 평가는 이후에도 흔들림 없이 지켜졌다.

기다리고 기다리던 전산화

계약 기간도 1차 때 3년에서 2차 때는 5년으로 연장되었다. 시민뿐만 아니라 시로부터도 신뢰를 받았다. 시에서는 도서관의 큰 과제였던 전산화를 본격적으로 검토하기 시작했다.

이부스키 도서관은 아직 브라운 방식이라는 전근대적인 대출 방식을 이용하고 있었다. 그래서 이용자가 도서관 장서를 집에서 인터넷으로 검색할 수 없었고, 직접 찾아가면 대출 중이라는 등 불편함이 이루 말할 수 없었다.

2010년부터 2014년까지 소라마메회가 위탁받은 2차 년도에는 이 전산화가 가장 큰 사업이었다. 정식 예산이 편성되어 이부스키 도서관은 2011년 9월부터 휴관했다. 도서관 직원과 전산화를 위해 뽑은 시간제 근무자 열 명이 전산화를 위한 서적 정보 입력 작업을 했다. 사서 자격도 도서관 업무 경험도 없는 시간제 근무자들에게 일을 지시하는 것도 고된 일이었다.

서적 정보가 명확한 책은 그나마 나았지만, 어려웠던 것은 그

향토자료실에 손대지 못한 채 방치된 고구마 자료였다. 하나하나 분류해야 했지만, 모두가 협력하여 어찌어찌 정리를 마쳤다.

향토자료실에 있던 지역 자료 중에 이용자에게 특히 도움이 되는 책들은 1층으로 옮겼다. 가고시마현관에는 사쓰마 하야토(薩摩隼人), 시마즈가(島津家), 아쓰히메(篤姬), 사이고 다카모리(西鄕隆盛), 오쿠보 도시미치(大久保利通), 무쿠하토 쥬(椋鳩十) 등 지역 관련 인물 자료, 막부 말기에 활약한 사람들, 향교 교육, 사쓰마 쎄쓰코(薩摩節子)와 지역 식물, 생물 등의 자료를 진열했다.

또한 이부스키에 관한 자료로 고구마, 온천, 산업과 요리 자료도 진열했다. 이부스키 출신 만화가 가와하라 이즈미(川原泉), 니시 게이코(西炯子), 지역 아동문학 작가 호리구치 유타(堀口勇太)의 책 등으로 이부스키 도서관의 '얼굴'이라 불릴 만한 책장도 만들어졌다.

2012년 11월 1일, 시장과 교육장, 교육위원회 관계자와 아이들을 초대해 전산화 기념행사를 개최했다. 어른뿐만 아니라 아이들도 기뻐했다. 아동용 단말기에 모여 그림책과 아동 도서를 검색할 때는 모두 함성을 질렀다.

전산화로 시정촌 합병 후 닫혀있던 야마가와 도서관의 인터넷 검색도 부활했다. 이부스키 도서관과 야마가와 도서관을 같은 시스템으로 운용하게 되어 매우 편리해졌다. 각 학교 도서관에 인터넷 환경이 정비되고 단말기가 배치되어 도서관 장서 검색도 가능해졌다. 전국에서 이부스키시립도서관 책을 검색할 수 있게 되었다.

전산화 작업을 통해 생각지 못한 발견도 했다. 이부스키 도서관에서 국립국회도서관에만 있을 것 같은 귀중한 지역 자료가 다수 발견된 것이다. 이러한 지역 자료는 둘도 없는 시민의 보물이다.

읽고 싶은 책을 읽고 싶은 사람에게 전달할 수 있는 시스템이 정비되어 소라마메회 멤버들도 기뻤다.

한 평 도 서 관 과 개 방 도 서 실

전산화가 이루어지고 1개월 후에 이부스키시립도서관 분실에 해당하는 가이몬 도서관이 폐쇄되었다. 가이몬 농촌환경개선센터에 설치된 도서실이었는데, 이용 빈도가 낮고 재정 부담이 커서 결국 운영을 중단한 것이다. 그곳의 책은 지역의 학교 도서관, 이부스키 도서관, 야마가와 도서관이 인계했다.

가이몬 도서관의 폐쇄로 가이몬 지역 주민이 책을 접할 기회가 줄어들었지만 그렇다고 소규모 도서관을 운영할 수 있는 형편은 아니었다.

(합병되기 전의) 옛 야마가와 지역에서는 지역의 작은 도서관을 통해 시민의 독서를 권장했다. 1980년부터 시작된 '한 평 도서관'이 그것이다. 이는 아이들이 책을 읽기 바라며 도서관과 독서 활동을 해온 시민들이 함께 시작했던 운동이다.

옛 야마가와 마을사무소 직원으로 오랫동안 근무했고 지금도 지역에서 이장을 하고 있는 사회교육가 마쓰시타 나오아키(松下尚

明)에 따르면 당시 아이들에게 어떻게 책을 읽게 할까를 고민하던 어린이회 지도자가 "한 평이 있으면 책을 읽을 수 있는데…."라고 중얼거린 것이 시작이었다고 한다.

이 말을 들은 마쓰시타는 "그거야!"라며 손뼉을 쳤다. 마을 예산을 받기는 어렵지만, 마을 공공시설과 집의 한 평 공간을 도서관으로 하면 좋겠다며 한 평 도서관을 만들기 시작했다. 얼마 안 되는 작은 공간에 책장을 설치하고 거기에 두 달마다 가고시마현립도서관에서 빌린 책을 진열하여 지역 어린이들이 빌려볼 수 있게 했다. 처음에는 13곳으로 시작했다.

한 평 도서관에 그냥 책만 진열하는 것이 아니라 이곳을 지역 문화거점으로 만들고자 학부모회, 어린이회, 부인회, 청년단 등 사회교육에 이해가 있는 단체들의 지원을 받았다.

한 평 도서관은 금세 인기를 끌어 방과 후 아이들뿐만 아니라 농업 서적을 보러 장홧발로 오는 농사꾼도 있었다. 자연스럽게 낭독회, 영화회, 크리스마스회 등 다양한 지역 활동도 이어졌다.

당시 교육위원회도 우체통 수만큼 많은 도서관을 표방하며 설치와 이용을 호소해 1981년 야마가와 마을회관에 있던 도서실의 대출 총수 10,468권 중 한 평 도서관 대출이 6천 권을 넘을 정도로 활동이 활발했다.

한 평 도서관의 최대 성과는 대출 권수뿐만이 아니었다. 지역 주민의 독서와 도서관에 대한 마음을 키운 것이다. 이 운동은 야마가와 마을 도서관 개관으로 이어졌고, 그것이 지금의 야마가와 도서관이 되었다.

한 평 도서관 추진은 다른 지역으로도 확대되어 '현관 도서관', '들마루 도서관'도 나타났다. 그러나 저출생 고령화로 매년 감소하여 2018년에는 4개까지 줄어들어 버렸다. 시모히고시도 가이몬 도서실 폐관을 무겁게 받아들였다. 그러던 중에 어느 한 평 도서관 관장의 말이 떠올랐다고 말한다.

"지금은 지역 아이들 수가 줄었습니다. 그렇지만 없어진 것은 아닙니다. 아이들이 모이는 어린이회와 마을 이벤트를 할 때 책을 펼쳐놓으면 한 평 도서관이라는 것을 잊지 않고 기억할 수 있습니다. 내가 어떻게 하느냐가 중요한 것 아닐까요?"

시모히고시는 그저 도서관에서 이용자를 기다리는 것이 아니라 '없어서는 안 될 도서관'이 되어야겠다고 결심했다.

들어서는 순간 느낀다

소라마메회가 시작한 이부스키 도서관은 그 후에도 계속 시민들이 놀랄 만한 활동을 전개하고 있다.

소라마메회가 LoY 최종 심사에서 발표한 동영상에서 이부스키 어린이회 육성회장이 이런 말을 했다.

> "저는 어린이회 육성회장으로 독서에 관심이 많아요. 솔직
> 히 비영리법인이 운영하게 되면 몹시 어렵겠다고 생각했는데,
> 많은 사람이 찾는 것을 보고 정말 대단하다고 생각했습니다."

처음에는 소라마메회뿐만 아니라 그들을 지지하는 사람들도
불안해했다는 의미다.

2011년 여름, 시모히고시에게 한 장의 엽서가 도착했다. 얼마
전 다른 지역에서 와서 이부스키 도서관과 야마가와 도서관을 둘러
본 도서관 관계자였다. 소라마메회 운영도 2차에 들어선 때였는데
이런 말을 들어서 매우 기뻤다고 한다.

> "도서관에 한 발 내디디는 순간부터 책장이 이용자에게 손
> 짓하는 느낌을 받았고, 직원 여러분이 도서관과 이용자를 소
> 중히 여기는 것을 잘 느낄 수 있었습니다.
> 해야 하는 일을 확실히 하고 착실히 노력하는 좋은 도서관
> 인 것을 보았고, 우리 지역의 도서관은 어떤가 하고 돌아보
> 니 창피한 기분이 들더군요.
> 이번 견학을 계기로 우리 지역 도서관도 더 분발해야겠다
> 고 생각했습니다."

항상 도서관을 청소하는 분은 이런 말을 했다.

"당신들이 오기 전부터 도서관을 잘 알고 있었습니다. 행정기관 담당자가 2, 3년마다 바뀌고, 정말 책을 좋아하는 사람이 아니라면 안 갈 것 같은 곳이었어요.

그런데 당신들이 운영하면서 책을 좋아하지 않더라도 둘러보고 싶은 마음이 생기더라고요.

도서관이 즐거워 보이고, 일하는 직원이 젊은이도 많아서 활기차 보여서 좋아요. 기획들도 재미있고 아이들도 도서관을 좋아하는 것 같고. 여러모로 기뻐요."

시모히고시는 도서관이 마을 주민들이 관심 갖는 마음 편한 장소가 되었고, 또 즐거워졌다는 사실이 마음으로 전해져 행복했다고 한다.

로컬 도서관의 기적

제3장

도서관을 만든 사람들

이부스키 도서관의 기원

1913년으로 거슬러 올라가 이부스키 도서관의 역사를 돌아보자.

당시 이부스키촌(현재 이부스키시)에 통속교육회 도서관이 개관했다. 통속교육은 메이지 시대에서 다이쇼 시대* 중엽에 걸쳐 사용된 관제 용어로서 널리 일반을 대상으로 한 교육을 일컫는데 요즘으로 치면 사회교육을 말한다.

통속교육회는 지자체가 아니라 교사들이 구성한 조직으로서 전국 각지에서 교육 보급을 위해 도서관을 운영했다.

1923년 옛 이부스키촌과 옛 이마이즈미촌(今和泉村), 옛 야마가와촌에 각각 촌립도서관을 개관했다. 당시 가고시마현립도서관은 순회문고를 운영하며 멀리 떨어진 이용자들에게도 대출을 해주고 있었다. 이는 1902년 아키타현립도서관이 미국 도서관을 참고해

---

* 메이지 시대는 1868~1912년의 일본 근대화 시대를 말한다. 다이쇼 시대는 1912~1926년까지이다. (역주)

서 처음 시작한 방식이기도 하다.

가고시마현립도서관의 순회문고 서비스는 옛 이부스키촌, 옛 이마이즈미촌, 옛 야마가와촌에도 도달했다. 이후에 1933년 그 명칭은 대출문고로 변경되었다.

그러나 2차 세계대전으로 인해 이러한 도서관 활동은 점차 사라졌다.

옛 이부스키정 도서관(현재의 이부스키 도서관)이 다시 개관한 것은 1948년이다. 혼란 속에 전쟁에서 돌아온 병사, 만주에서 온 사람, 불타버린 도시에서 온 사람 등 당시의 이부스키에는 실업자들이 넘쳐났다.

식량난 속에 많은 사람이 땅을 개척하고, 상대적으로 키우기 쉬운 고구마 재배를 시작했다. 하지만 전문 농업기술이 없어서 고구마 병충해가 만연하여 농업개량보급사무소는 대책 마련에 고심하고 있었다.

당시 GHQ*는 일본 민주화의 일환으로 농지제도 개혁안을 발표했다. 봉건적 소작 방식이 아닌 자립농 육성과 농업기술 및 농촌 생활 향상을 담당하기 위해 농업개량보급사무소를 설치했다.

다하라사코 야스시(田原迫靖) 농업개량보급사무소 소장은 만주에서 돌아온 사람이었다. 40년 동안 이부스키 도서관 사서로 일한 오요시 미치요(大吉訓代)에 의하면 다하라사코는 당시에 농업지

● GHQ(General Headquarters)는 연합군 사령부이다. (역주)

도를 하고 있었는데 방문객이 많았다고 한다. 많은 사람에게 농업 상담과 기술을 지도하면서 그는 자연스럽게 농촌 도서관을 지어야겠다고 생각하게 되었다.

그러나 마을은 그럴 만한 여유가 없어서 그의 제안을 받아들이지 못했다. 결국 농업개량보급사무소에 병설 도서관을 짓기로 했다. 지식이 필요한 사람들이 방문하는 곳이니 도서관 입지로는 제격이라고 판단했기 때문이다.

농촌 생활 발전을 위해 도서관 건립

마을사무소 허가를 받아 가고시마현립도서관의 대출문고 이부스키 출장소 형태로 1949년 농촌 도서관을 개관했다.

그러나 소장 도서는 한 권도 없었다. 가고시마현립도서관으로부터 대출받은 책 100권과 농업개량보급용 팸플릿, 소책자를 합쳐 불과 2백 권으로 개관한 실정이었다.

당시 가고시마현립도서관 관장은 구보타 히코호(久保田彦穗), 아동문학 작가로 알려진 바로 그 무쿠하토 쥬(椋鳩十)다.

구보타는 1905년 나가노현에서 태어나 대학을 졸업하고 가고시마현에 교사로 부임했다. 교사를 하면서 동물문학 작가가 되어 「다이조 할아버지와 간」 등의 명작을 발표했다.

여학교 교감 시절 가고시마현립도서관장이 되어 1947~1966

이부스키정립도서관 개관 당시의 무쿠하토 쥬

년까지 근무하면서 농업문고를 포함한 다양한 새로운 시도를 전개
했다.

농업문고는 "현립도서관이 대출문고 방식에 기반하여 마을 도
서관에 농업 도서를 배부하여 지역의 농업 전문가와 농가의 사람들
이 풍요로운 생활을 누릴 수 있도록 지원하는 도서관 활동"(『마을 마
을에 독서의 등불을』, 무쿠하토 쥬 저)이다.

농업문고 구성을 위해 정부, 농협, 마을사무소 직원들이 농업
문고 추진위원회를 만들어 농업기술, 경영, 농민이 사물을 보는 법을
주제로 필요한 책을 선정했고, 1967년부터 본격적으로 활동을 시작
했다.

당시 가고시마현 전체는 전쟁으로 피폐해진 상태였다. 구보타는 이렇게 쓰고 있다.

"빈곤에 순응하는 것은 하나의 죄악이다. 가고시마현 총 인구의 74%가 농업인이지만, 농업에 종사하는 것을 가난한 운명이라고 생각하며 자포자기하는 사람도 상당수 있다. 만약 그렇다면 근대적인 인생관으로는 큰 죄악을 범하고 있는 것이나 마찬가지다.

이런 핑계는 아무래도 좋다. 다만, 농업인들이 지금보다 더 윤택해지고 문화적으로 수준 높은 생활을 하는 것이 바람직한 상태인 것은 분명하다."

바로 그 윤택하고 문화적인 생활을 위해 농업문고를 시작한 것이다.

이부스키시립도서관 개관

농업문고 규모는 전혀 크지 않았다. 허름한 현관 오른편에 '가고시마현 이부스키지구 농업개량보급사무소' 현판과 왼편에 '부속 이부스키정립도서관 가고시마현립도서관 대출문고 이부스키 출장소' 현판이 걸려 있어 오가는 사람들이 뭐 하는 곳이냐고 자주 물었다.

"돼지가 배 아프니 수의사 좀 빨리 불러주세요."라며 달려오는 농가의 아줌마, "벼가 병충해에 걸려 이삭이 마른다."라며 장홧발로 오는 아저씨 등이 이곳에 찾아와 이런저런 고민과 어려움을 토로했다.

한편으로는 아이들도 방과 후에 책을 빌려볼 수 있게 되었다. 오요시는 "구보타 관장과 다하라사코 소장의 작전으로 어느새 도서관이 생겨버렸다. 그게 이부스키 도서관의 시작이었다."라고 회상한다.

오요시는 도서관이라는 이름이 이제 막 붙은 그곳에서 1949년 봄부터 근무했다. 졸업 후 마을사무소에 채용되어 도서관 근무를 하기 시작한 것이다. 정작 시작할 때만 해도 자신이 무슨 일을 해야 하는지 모르는 어리둥절한 상태였다.

자기가 알고 있는 도서관은 견고한 콘크리트 건물에 빼곡히 책이 있는 가고시마현립도서관인데, 새로 근무하게 된 도서관이란 곳은 익히 알던 큰 도서관과 너무 다른 초라한 모습이었기 때문이다.

아무 생각 없이 도서관은 어디에 있냐고 물었더니, 다하라사코 소장은 지금부터 만들 예정이라는 황당한 대답을 했다.

사무소에는 농가의 사람들, 귀향한 지 얼마 안 되어 농업을 시작한 사람들, 도시에서 온 사람 등 각양각색의 사람들이 드나들었다. 그들을 모아놓고 1주일 동안 농업야간강좌를 진행했다. 서재 정도의 단출한 규모의 서가였지만 모두 책을 빌려 가서 책장은 텅 비어버렸다.

그리고 이부스키정은 1954년 이마이즈미정과 합병하여 이부스키시가 되었다. 그 바람에 시립도서관이 설립되었고, 그 1년 후에 출장소는 역할을 마치고 문을 닫았다.

시립도서관 관장에는 다하라사코가 소장직 겸임 형태로 취임했다. 농업개량보급사무소는 낮에는 밭에서 현장 지도, 밤에는 사무소에서 농업 강좌를 진행했다. 일반교양 강좌도 있었고, 독서 강좌도 있었다. 강좌 후에는 모두 경쟁하듯 책을 대출해갔다.

전쟁이 끝나고 물자가 부족한 환경이었지만, 강좌를 듣고 책을 빌려 지식을 쌓는 사람들의 모습은 상기되어 있었다. 그들 나름대로 독서회를 열어 이해력을 높이려고 노력하는 등 열의가 대단했다.

계속 대출이 늘고 서가가 비는 날이 많았다. 오요시는 신속하게 가고시마현립도서관에서 대출할 수 있는 책을 교환해왔다.

구보타는 변함없이 시립도서관을 지원했다. 1주년 기념 강연도 해주었다. 시 예산은 없었지만, 가고시마현립도서관에서 영화필름과 영사기사가 와서 영화제도 열었다. 영화를 볼 기회가 없는 시대에 다들 무척 기뻐했다.

전쟁의 상처를 딛고 일상생활로 돌아오기 위해 도서관은 꼭 필요했다.

책 읽으면 게으르다고 비난받던 여성들

책을 읽기 시작한 것은 아이들만이 아니었다. 전쟁 중부터 전후에 걸쳐 살기 위해 필사의 노력을 했던 주부와 어머니들이 열심히 독서를 시작했다.

"우리에게도 책을 빌려주나요?"

오요시는 농가 주부가 괭이를 들고 거리낌 없이 찾아온 것이 잊을 수 없는 장면이었다고 말했다. 전쟁이 끝나고 새로운 헌법에서 남녀평등을 제정했지만, 여성이 책을 읽는 데 대한 편견과 차별은 아직 뿌리 깊었다. 그러던 중에 1955년 오쿠보의 격려에 힘입어 시립도서관에 40대 어머니들 중심으로 '유와 어머니 독서 그룹'이 만들어졌다.

매월 한 권을 반드시 읽고 감상회를 열었다. 남편에게 비상금을 들켰다는 에세이를 써서 발표한 여성 때문에 시끌벅적하게 화제가 된 적도 있다. 매번 구보타도 참가했다.

이부스키 도서관에는 지금도 구보타가 중심에 있는 '유와 어머니 독서 그룹'의 사진이 카운터에 걸려 있다.

독서 그룹을 결성했지만, 여성들은 농사일하다가 쉬는 시간에 일 바지에 책을 숨겨 와서 읽었다. 독서 그룹이 결성된 1950년대에 독서하는 여성은 게으른 사람, 학자님 등으로 불리며 조롱과 비난의 대상이었다.

그런 환경에서 구보타의 강연을 듣고, 그가 독서 그룹에 추천한 『알프스 소녀 하이디』를 읽는 것은 여성들에게 무엇보다 즐거운 일이었다.

독서 그룹 활동이 좋은 평가를 받아 시립도서관은 1955년 가고시마현도서관 노력상을 수여했다. 이듬해에는 제10회 독서주간 실행위원회에서 우수활동상도 받았다. 1960년에는 도쿄도립히비야 도서관 직원을 초대하여 독서 그룹 연구회도 열었다. 지금도 발행하는 문집《문예 이부스키》의 전신인《유와(柳和)》가 창간된 것도 그즈음이다.

시모히고시는 이렇게 말한다.

"문집《유와》제2호에는 '책은 단순히 마음 내키는 대로 읽는 것이 아니라 생산을 높이기 위해 읽어야 한다. 예를 들어 식생활을 개선하기 위해 책을 읽는다는 식의 목표를 정하고 읽어야 한다.'라고 쓰여 있다. 독서를 영리와 연결하여 전후에 마을 부흥의 원동력으로 활용한 것이다."

도서관의 책을 읽고 꽃 재배 성공

농촌 여성들은 그저 즐거움만 느끼기 위해 책을 읽은 것이 아니었다.

농업부인회에서 아이리스를 재배하려 했지만 계속 실패하고 있었다. 그러던 중 농가의 여성 두 명이 용기 내어 동료들을 모아 가고시마현립도서관으로부터 대출받은 책을 시립도서관에서 빌렸다. 농사일 틈틈이 책을 읽고 그 재배 방법을 배운 것이다.

따뜻한 이부스키는 영하로 떨어지는 날이 없다. 구근류는 월동하지 않으면 싹이 트지 않는다는 것을 알게 된 여성들은 인근 제빙업자에게 부탁하여 구근을 월동시켰다. 이부스키에는 냉장고가 있는 집이 많지 않았기도 했다.

월동시킨 구근을 심은 결과, 멋지게 아이리스꽃이 피었다. 꽃을 출하하여 현금화하는 방법을 도서관의 책을 통해 알게 된 것이다. 그 덕분에 농가는 윤택해지고, "책도 가끔은 도움이 되네."라며 농가의 여성들이 처음으로 시어머니에게 칭찬받았다는 에피소드도 전해진다.

그 후 조금씩 주위의 이해가 넓어져 이제는 당당하게 여성도 책을 읽을 수 있게 되었다.

이런 이야기도 있다.

1949년 도쿄도가 실업자 대책으로 노동자 일당을 240엔으로 정했다. 200엔이 두 장, 10엔이 네 장이어서 노동자들은 '니코욘'이라고 불렸다.

이부스키에도 중국에서 돌아온 남성이 있었다. 전후에 사정이 좋지 않게 되어 '니코욘'이라는 일용 노동자로 살 수밖에 없었다.

비가 오면 일을 쉬고 보험료를 받았다. 비 오는 날 보험금을 타려고 기다리면서 우연히 들어간 건물이 도서관이었다.

서가에 늘어선 책을 보고 남성은 그동안 잊고 있던 독서열이 되살아났다. 한 권을 빌려 그 자리에서 단숨에 읽었다. 일하는 현장에서도 책을 읽자, 동료들이 관심을 보였다. 남성은 독서 그룹을 만들고 도서관에서 수십 권의 책을 빌려 동료들과 읽었다.

오요시의 회상에 의하면 남성은 책을 회수하기 위해 이동이 잦은 동료를 찾아다니며 여기저기 현장을 돌아다녔다고 한다. 동료들의 희망과 취향에 맞춰 책을 빌리는 것은 쉽지 않았지만, 작업 현장에서 열띠게 책 이야기를 하면서 참 좋아했다고 한다.

구보타의 강연을 들으려고 동료들과 작업복을 입은 채로 참여한 적도 있다. 그 독서 그룹은 어느새 유명해져 TV와 신문에도 소개되었다.

아이들의 마음을 풍요롭게

가고시마현에서는 1960년 어린이날을 기점으로 '엄마와 아이의 20분 독서 운동'이 시작되었다.

구보타가 제창한 운동으로 매일 20분간 아이들이 교과서 이외의 책을 소리 내어 읽고, 부모는 옆에서 그걸 듣는 운동이다. 도서관과 시민회관, 학부모회에도 알려 첫해에는 8만 5천 명 다음 해는 10만 명의 모자가 참가했다.

구보타는 무쿠하토 쥬로서 하는 작가 활동보다 이 독서 운동에 매진했다. 그 결과 미야기현, 에히메현, 고치시, 후쿠오카현 등 전국 각지로 운동이 확산되었다.

가고시마현에는 지금도 이 운동이 이어지고 있다. '제4차 가고시마현 아동독서활동 추진계획'에 의하면 초·중등학교 각각의 평균 독서 권수는 전국 수준보다 높다. 특히 초등학교가 높아서 2017년 10월 한 달 동안 가고시마현 평균은 21.7권으로 전국 평균 10.5권에 비해 약 두 배 많은 것으로 나타났다. 모든 학교 도서관에 사서가 배치된 것도 한몫했다.

제4차 계획은 아이들의 독서를 더 늘리기 위해 지역 공립도서관의 기능 강화를 표방한다. 충실한 도서 자료, 아동실과 아동 코너 운영 그리고 이동도서관 서비스 등을 제시했다.

이러한 일들은 이부스키시립도서관이 해온 일과 많이 겹친다.

구보타는 '엄마와 아이의 20분 독서 운동'이 학교교육과 가정교육의 중간 역할을 하는 것이라고 평가한다.

전후 전쟁의 상처가 아물고 서서히 생활이 풍요로워지면서 많은 오락이 등장하자 다른 문제들이 등장했다.

교사를 폭행하고 소매치기하는 불량소년 문제, 고된 입시와 입사 시험 등으로 부모의 걱정은 끊이지 않았다.

"걱정이 깊어서 많은 것을 금지하는 명령이 빈번하게 나오고 있다. TV 보기 금지, 만화 보기 금지, 장난감 놀이 금지 그리고 공부해라, 숙제해라 등등. 바쁜 일 때문에 신경질적이 된 어머니들은 금지와 명령을 하면서 이거라도 하는 게 아이 교육이라고 여겨버리게 되었다."

그러한 폐단을 방지하고자 '둥실둥실 풍요롭게 되는 궁리'를 하는 운동이 생겼다. 지금도 이부스키 도서관과 야마가와 도서관에서 적극적으로 추진하는 운동이다.

가고시마현립도서관 앞에 있는 무쿠하토 쥬 문학비에는 이렇게 쓰여 있다.

"감동은 인생의 창을 연다."

구보타의 활동은 진정으로 사람들의 인생 풍경을 바꾸는 창이었다.

제 4 장

아이들이 자라는
도서관

야마가와 도서관의 기원

저녁 혹은 학교가 쉬는 날 야마가와 도서관의 도서 반납함 출입구는 덜커덕덜커덕 바쁘게 움직인다.

갑자기 대출 반납이 늘어난 것이 아니라 출입문 저편에서 어린이들이 숨어 지켜보고 있기 때문이다.

"지금 몇 시?"

"오늘은 누가 있어?"

"도서관은 시원하네."

어린이들은 서로를 아는 체하며 도서관으로 몰려든다. 항상 어린이들로 넘쳐나는 도서관. 이부스키시립도서관의 또 하나의 도서관인 야마가와 도서관의 풍경이다.

이부스키 도서관이 이부스키역에서 가깝고 중앙도서관으로서 모든 연령층을 대상으로 한다면, 야마가와 도서관은 애초에 초중고의 중간 지점에 있어서 어린이 서비스 중심이다.

아이들은 마치 자기 집처럼 친숙하게 도서관에 드나든다. 도서관에는 책가방 놓는 곳도 있다.

야마가와 도서관의 역사에도 마을 사람들의 마음이 담겨 있다.

2006년 이부스키 도서관과 합병하기 전에 이 도서관은 야마가와정립도서관이었다. 야마가와정은 이부스키보다 남쪽 항구에 있으며 무역 창구 역할을 했다. 옛날부터 동남아시아 무역의 중요한 중계지였다.

1546년 포르투갈 상인 조르제 알바레스가 가고시마에 방문했을 때 야마가와에 관해 기록한 것이 남아 있다. 선교사 사비에르의 의뢰로 일본 체류를 기록한 『일본 보고』에서 처음으로 유럽에 소개된 일본은 '야마가와'였다.

그런 역사가 있는 옛 야마가와정에서 도서관 활동이 시작된 것은 1954년이다. 마을의회 한편에 설치된 책장에는 수백 권의 책이 있었다.

그 후 초등학교 음악실로 이전했다가 1957년 다시 제자리로 이전했다. 이때 장서 수는 2,383권이었고 그중 750권은 가고시마현립도서관의 대출문고였다.

이즈음 부인회 독서 그룹과 청년회, 어린이회 독서회 등을 중심으로 활발한 독서 활동이 이루어졌다. 그중 부인회 독서 그룹은 역

시나 차가운 시선을 받았지만, 그 후에는 가고시마현립도서관 관장 구보타가 진행한 '엄마와 아이의 20분 독서 운동'에 합류했다.

1970년 야마가와초등학교 이전을 계기로 폐교로 도서관이 이동했다. 교실들을 이용한 도서관은 '창고형 도서관'으로 불렸다.

마을사무소 직원으로 야마가와정립도서관 설립에 관여한 마쓰시타 나오아키는 "장서는 4천 권이 있었지만 헌책만 가득했어요. 좁고 어두웠고 직원도 없었죠."라고 회상한다.

1979년 마을 50주년 기념으로 대망의 마을회관이 오픈했다. 문화의 전당으로서 2층에는 168제곱미터 규모의 도서실도 마련했다.

확실히 이전보다 규모는 커졌지만, 여전히 전담 사서는 없었고 한동안은 대출 중심으로만 운영되었다.

여름방학에 차로 책 배달

"마을에 도서관을 만들고 싶다."

이 생각을 한 것은 갓 20대가 된 마쓰시타였다. 대학 시절에 학생운동을 한 이력이 있는 마쓰시타가 마을사무소에서 사회교육을 담당하게 되자 마을 사람들은 "정사무소에 적기(공산주의, 사회주의를 상징하는 기)가 걸릴 거야."라며 야유를 보냈다.

그러나 "그런 사람이 아니다."라며 추천한 사람들도 있어서 그는 계속 마을의 사회교육 업무를 할 수 있었다.

갑자기 도서관을 만들기는 어려운 환경이었기 때문에 마을회관 도서실을 기점으로 여러 활동을 전개했다.

도서실 이용자는 대부분 인근 지역 주민이었다. 좀 더 많은 지역 사람이 이용하게 하려고 우선 여름방학부터 자차로 이동도서관을 시작했다. 도서실에 오지 못하니 내가 간다는 식이었다. 그렇게 하여 매해 대출은 500권으로 늘었다.

> "낡은 경차에 몇 권 안 되는 책을 싣고 순회했어요. 충분한
> 효과가 있는 것도 아니었죠. 하지만 여기저기서 주는 음료수
> 를 얻어 마시며 도서관의 존재를 알린 것은 의미 있었다고 생
> 각해요."

마쓰시타는 후에 이렇게 말했다.

하지만 3년을 이어 온 활동에도 한계가 있었다. 본래 업무를 소홀히 할 수 없었기 때문이다. 그래서 각지에 독서 거점을 만들기 위해 고안한 것이 제2장에서 소개한 한 평 도서관이다.

한 평 도서관 활동이 전개되었지만, 마을회관 도서실의 도서 구입비는 여전히 25만 엔 수준에 머물러 있었다. 부족분은 가고시마 현립도서관의 대출문고를 최대한으로 활용했다.

다른 마을에는 "현립도서관의 책을 분실하면 큰일"이라며 애지중지하기만 해서 먼지가 쌓인 도서실도 있었지만, 야마가와에서는

적극적으로 책을 활용했다.

마을회관 도서실에서 도서관으로

한 평 도서관의 원동력이 된 것은 1980년 정부 보조금으로 시작한 '부인 독서 봉사활동'이다. 마을의 첫 봉사활동에 여성 20명이 참여했다. 읽는 법과 그림책 연극 등을 배워 마을 어린이집에서 그 성과를 보여주었다.

도서실 직원과 마쓰시타에 의한 이런 소박한 독서 진흥 계획으로 마을에는 점차 독서하는 사람이 늘어갔다. 그 실적과 함께 마을 사무소에 도서 구입비 증액을 요구했다.

마을사무소도 그 실적을 인정하여 1984년부터 도서 구입비로 연간 140만엔 정도의 예산을 책정했다.

마쓰시타가 이동도서실로 낡은 경차를 사용하는 것을 본 마을 주민은 봉고차를 기증하기도 했다.

한편 독서 습관이 퍼지며 아이부터 어른까지 책을 빌려 가게 되자 도서실의 장서는 2만 권 이상으로 늘어 1990년에는 더 이상 수납할 수 없는 지경이 되었다.

직원 한 명에 주말에는 휴관하는 등 도서실 운영도 한계에 처했다.

마쓰시타는 이장에게 건의했다.

"도서관을 만듭시다."

주민들도 새로운 도서관을 원한다는 목소리가 높았기 때문에 이장도 공약했고 의회도 그것을 지지했다.

1992년 야마가와정은 새로운 도서관 건설의 기본구상 책정에 들어갔다. 마쓰시타가 자가용으로 마을을 돌기 시작하던 때부터 15년이 지난 시점이었다.

마쓰시타에게 새로운 도서관 만들기가 어렵지 않았냐고 묻자 애초에 당연한 일이었기 때문에 그렇게 힘들지 않았다고 대답했다. 많은 사람과 갈등이 있었지만 극복했다는 식이었다.

마쓰시타의 활동은 공무원으로서는 형식 파괴였다. 미래의 도서관을 위해 전례에 없는 것을 기획하고 입안했다.

"모난 돌이 정 맞는다고 하는 사람이 있지요. 이장님보다
내가 더 유명했으니까요. 울기도 했고 술도 많이 마셨지만,
어느덧 그런 의심은 사라지더라고요."

마을사무소 안에서 "바쁜데 그런 일까지 해야 하느냐.", "사서 고생한다."라는 소리도 사라져갔다.

마쓰시타는 끊임없이 소박한 활동을 진행했다. 물론 그 원동력은 '도서관 만들기'였다.

"사람들의 마음을 연마하기 위한 수단으로써 도서관이 필요했어요."

도서관은 주민에게 다가가는 마음이 있어야 한다

새로운 도서관 만들기를 맡은 것은 마쓰시타였다. 평일 밤에는 야근했고 주말도 없이 일했다. 도서관의 전체 계획, 재원 확보, 용지 매수, 건설회사 선정 등 일거리는 산더미였다.

1995년 고대하던 야마가와정립도서관이 탄생했다. 사쓰마 남쪽 지역에서는 처음으로 컴퓨터를 도입한 대출과 장서 관리 시스템을 구축했다. 가고시마현립도서관 시스템에도 접속되어 야마가와정립도서관에서 가고시마현립도서관의 장서를 검색할 수 있게 되었다.

2006년 합병에 의해 야마가와정립도서관은 이부스키시립야마가와도서관이 되었다. 2007년에는 지정관리자 소라마메회가 운영을 시작하여 현재에 이른다.

"세상은 비영리법인이 위탁 운영하는 것에 여전히 부정적이에요. 그러나 나는 소라마메회 같은 비영리법인이 도서관을 운영하는 것은 정말 좋은 일이라고 생각합니다."

마쓰시타는 자신도 추진한 활동이지만 그들이 전문가들이므로 기꺼이 소라마메회에 맡길 수 있다고 말했다.

"소라마메회는 주민에게 다가가려는 마음이 강해요. 행정 직원은 아무래도 그런 마음이 적은 편이지요. 주로 설명하는 입장일 뿐 주민에게 다가가지는 않아요. 그저 멀리서 말하는 입장일 뿐입니다. 그런 것만으로는 도서관 전문가가 되기 힘들어요.

도서관을 운영하는 사람에게는 노인과 아이들에게 다가가는 마음이 필수입니다. 책을 매개로 누군가와 만나고 이야기하면 더할 나위 없지요."

지금도 마쓰시타 부부는 야마가와 도서관을 이용한다. 읽고 싶은 책이 없으면 바로 가고시마현립도서관과 다른 지역 도서관에 있는지 찾아준다. 때에 따라서는 찾아서 가져다주기도 한다.

도서관 상호대차라는 이 장치는 마쓰시타가 도서관 만들기에 분주했던 때에 도입한 시스템이다.

"다들 처음에는 상호대차가 필요한 이유를 모르겠다, 마을 세금으로 구입한 책이니까 주민과 의회가 허락하지 않겠다는 식이었지요. 그것을 돌파하는 것이 저의 일이었어요. 지방자치법과 교육기본법을 끌어들여 설득했습니다. 지금은 내가 젊었을 때 한 일의 혜택을 내가 가장 크게 받는 것 같아요."

마쓰시타씨는 그렇게 말하면서 웃었다. 그는 물론 소라마메
회의 과제에 관해서도 관심이 크다고 한다.

"앞으로의 방향성을 고려했을 때, 지역에서 농어업 등 1차
산업이 쇠퇴하는 데 도서관은 어떤 지원을 해야 하는지를 고
민할 필요가 있는 것 같아요.
　또한 이 주변은 관광지니까 도서관과 기업을 엮은 활동에
대한 기대도 있어요. 도서관 응원단도 만들어 독서의 즐거움
을 좀 더 확대하면 좋겠어요."

역시 지역의 미래를 고민하는 관점이다.

"책은 혼자 읽지만 한 권의 책에 관해 다른 사람과 이야기
하면 또 다른 기쁨이 생기지요. 차라도 마시며 그런 이야기
를 나누는 것이 인생에서는 꽤 소중한 시간과 경험 같아요.
도서관은 누구나 올 수 있는 장소가 되어야 해요."

마쓰시타의 이야기를 들으면서 프롤로그에서 소개한 이탈리
아의 도서관 활동가 안토넬라 아뇰리의 말이 생각났다.

"앞으로의 도서관은 도시 공간, 즉 교회, 시장, 광장 같은 '만남의 장'과 깊게 관련되어야 한다."

여름방학 이벤트의 단골손님이 된 아이들

야마가와 도서관은 1995년 야마가와정립도서관으로 지은 건물을 그대로 사용하고 있다. 총면적 천 6백 제곱미터, 장서는 약 1만 6천 권이다. 연간 대출 건수 약 5만 4천 권, 연간 방문자는 약 만 6천 명이다.

소라마메회가 지정관리자가 되어 새롭게 시작한 야마가와 도서관은 어떻게 변했을까.

히사카와 관장은 "처음에는 하루 종일 풀을 뽑았어요. 지금도 잊히지 않아요."라고 회상한다.

그때까지 개관 시간은 오전 10시였지만 소라마메회가 운영하면서 오전 9시로 당겼다. 그러나 이용자들은 개관 시간이 늘어났다는 것을 알지 못했고, 근처 초중고 아이들이 도서관에 들르는 것도 아니었다. 당시 도서관 직원들은 아이들이 큰 소리를 내면 제지하고 밖으로 내쫓았다. 침묵의 도서관이었다.

학교 도서관 사서로 9년간 근무한 히사카와에게는 왠지 불편하고 적막한 나날이었다. 그러던 중 "우리들은 도서관을 합니다!"라고 대대적인 홍보를 시작했다.

"아이들을 도서관에 오게 하자."

히사카와가 우선 시작한 것은 여름방학 이벤트였다. 최초의 여름방학에는 책갈피 만들기와 우유팩으로 종이 잠자리 만들기 등 매주 이벤트를 열었다.

조금 와자지껄하긴 했지만, 아직 이용자가 많지 않아서 민폐 끼치는 일은 없었다. 이런 이벤트를 계속하자 도서관을 찾는 아이들이 늘어 단골손님이 되었다. 직원들도 아이들의 이름과 얼굴을 기억하며 관계를 맺었다.

여름방학이 끝난 후에도 아이들은 책가방을 집에 놓고 바로 도서관에 왔다. 도서관에서 숙제하거나 좋아하는 책을 읽기도 하고 히사카와와 이야기도 했다.

1년, 2년, 3년 함께 지내는 과정에서 야마가 도서관은 아이들의 놀이터가 되었다.

히사카와에게는 잊을 수 없는 일이 있다.

어느 날 저녁에 한 단골 아이가 도서관에 왔다. 항상 밝은 얼굴의 아이였는데, 그날은 울고 있었다. 놀란 히사카와가 "무슨 일 있어?"라고 하자 "집에 아무도 없어."라고 말했다.

학교 끝나고 집에 갔는데 아무도 없어서 불안한 마음에 도서관으로 향한 것이다.

야마가 도서관에는 가족 이외에 의지할 수 있는 어른이 있다고 생각해서 온 것 같아서 기뻤다. 울고 있던 아이를 사무실에서 쉬게 하고 가족에게 연락했다. 히사카와는 아이를 집 근처까지 데려다주었다.

중학생도 도서관에 오게 하자

운영 1년 차에는 초등학생들이 야마가와 도서관에 다니게 되었다. 다음은 중학생을 오게 하고 싶었지만 중학생은 방과 후 활동과 공부에 바빠서 좀처럼 도서관을 찾기 어려운 상황이었다.

히사카와는 학교 사서 정례회에서 교육위원회와 사서회에 부탁했다. 원래 학교 사서였던 히사카와는 시립도서관이 할 수 있는 일을 모색하고 있었다. 다만 일방적인 지원이 아니라 서로를 이해한 상태에서 지원이 이루어져야 한다고 생각했다. 그렇게 하기 위해서는 이부스키시의 학교 사서들이 무엇을 생각하고 무슨 고민이 있는지를 알고 싶었다.

2년 차에는 학교 사서 모임에 참가하게 되어 교류의 장으로써 이부스키시립도서관에서 소라마메회 주최로 '사서 배움의 회'를 설립했다. 개방적인 교류회로서 지역 밖에서 올 정도로 인기를 끌었다. 그렇게 학교 사서와 교류하면서 "중학교에서 이야기 모임과 북 토크를 하고 싶은데, 아이들을 모아줄 수 있어요?"라고 요청했다.

2년 차 가을에 드디어 기회가 마련되었다. 매주 월요일 아침 15분간 책 읽어주기와 낭독 북 토크를 했다. 중학생들은 웃기도 하고 집중해서 듣기도 하며 책의 세계에 빠져들었다.

　물론 마지막에는 "오늘 읽은 책은 도서관에 있으니까 빌리러 와요."라고 홍보했다. 도서관에 '중학교에서 들려준 책 코너'도 설치했다.

　이외에 10대 아이들이 관심 있어 할 책 리스트를 만들고, 출입구 옆에 라이트 노벨* 코너를 진열하여 책을 쉽게 접할 수 있게 했다. 각 클래스에서 누가 무엇을 소개했는지도 붙여 놓았다.

　이런 노력의 결과 중학생들이 많이 방문하게 되었다. 만화 코너도 설치했는데 학생들은 "만화만 봐도 돼요?"라고 질문하기도 했다.

　처음에는 만화만 보러 온 아이들이 나중에는 다른 책도 빌려 가게 된다. 영화화된 책과 만화 원작 등을 통해 장편까지 접하게 되는 것이다.

　만화가 없었더라면 도서관에 오지 않았을 아이가 있을 수도 있기에 만화 또한 아이들을 도서관에 오게 하는 훌륭한 유인 요소인 것이다.

● 라이트 노벨(light novel)은 오락 소설 장르의 하나이다. 10대부터 20대의 독자를 상정한 가볍게 읽을 수 있는 작품을 말한다. (역주)

인기 이벤트 '매미 우화 관찰회'

도서관의 아동 도서는 옛날이야기와 동화만이 아니다. 아이들의 호기심을 자극하는 자연과학 책도 있다.

"나는 공룡 책만 빌려."

"나는 장수풍뎅이 책만 빌려."

"나는 자동차 책이 제일 좋아."

히사카와는 아이들의 취향이 다양하다는 것을 경험적으로 알고 있다. 그래서 이야기회에서 자연과학 책도 읽어준다. 특히 아이들에게 인기 있는 것은 『쥐며느리를 찾았다』라는 사진첩이다. 쥐며느리를 좋아하는 아이들이 많아서 이 책을 읽어주자 다들 눈빛이 반짝거렸다.

학교 사서로 일할 때, 초등학교 5학년 남학생으로부터 쥐며느리가 가득 든 캡슐을 선물 받은 적이 있다. 이야기회에서 쥐며느리 책을 읽어줬더니 쥐며느리를 좋아한다고 생각했던 모양이다.

그런 쥐며느리를 버리지 않았던 것이 히사카와다. 사육 방법을 조사하고 한동안 학교 도서관에서 쥐며느리를 키웠다.

히사카와가 아이들의 호기심을 키우려고 한 노력은 도서관 직

매미 우화 관찰회

장수풍뎅이도 있는 야마가와 도서관

로컬 도서관의 기적

원들에게도 영향을 미쳤다. 예를 들어 이부스키 도서관과 야마가와 도서관에서는 매해 여름 '매미 우화 관찰회'를 열고 있다.

밤이 되면 손전등과 모기약을 가지고 모여서 매미의 우화 방법을 배운 후 도서관 가까운 공원에서 실제로 매미가 우화하는 모습을 관찰한다.

이 관찰회의 중심이 히사카와다. 그 계기는 학교 사서 시절에 만난 한 권의 그림책 『매미의 껍질』이었다. 매미 껍질은 매미가 탈피한 흔적으로, 나무에 많은 매미 껍질이 붙어 있는 그림이 인상적이었다.

정말 그렇게 많은 매미 껍질이 붙어 있는지 궁금했던 히사카와는 교정의 벚나무에서 직접 눈으로 확인하기도 했다.

게다가 그림책에서는 껍질을 보면 수컷인지 암컷인지 알 수 있다고 했다. 확인해보려고 나뭇가지로 매미 껍질을 떨어트리자, 아이들도 뭐하냐며 모여들었다.

매미 껍질을 보고 수컷인지 암컷인지 확인하려고 한다고 말하자 아이들도 함께 매미 껍질을 모아 매미의 생태를 배울 수 있었다.

그 연장선상에서 초등학교에서 연 매미 우화 관찰회를 이부스키 도서관에서도 해본 것이다. 생명의 신비로움에 아이와 어른들이 함께 놀라며 한때는 80명이 참가할 정도로 인기 이벤트가 되었다. 인원수를 제한하고 예약제로 운영할 정도였다.

도서관에서 고구마를 심다

2009년 가을, 야마가와 도서관은 수확의 계절을 맞았다. 고구마다. "왜 도서관에서 고구마를?"이라고 의아해하겠지만, 그 틀을 깨는 시도를 하는 것이 소라마메회다.

야마가와 도서관에는 원래 화단이 여러 개 있는데, "다음에 무얼 심을까?"라는 이야기가 나왔을 때 "고구마는 어때?"라는 말이 나왔다.

가고시마현은 고구마 산지이며, 류큐(오키나와)에서 고구마 싹을 가져와 재배 보급을 한 마에다 리에몽(前田利右衛門)은 원래 야마가와 출신인 인연도 있고 해서 도서관에서 고구마 재배에 도전하게 되었다.

2009년 5월, 농업협동조합, 시민회관, 도서관이 연대하여 고구마 싹을 모아 야마가와 도서관에 자주 오는 고등학생과 초등학생들이 심었다.

여름 동안 고구마 줄기가 시들지 않도록 물을 주고 잡초를 뽑기도 하면서 지켜보았다. 아이들은 고구마가 크는 모습을 가까이에서 관찰했다.

10월에 고구마를 심은 아이들과 함께 땅을 파서 고구마를 수확했다. 농업협동조합의 직원을 강사로 고구마에 관해 배운 뒤 도서관과 같은 시설에 있는 시민회관 주사도 도와주어 캐낸 고구마를 쪄서 다 함께 먹었다. 다 함께 기른 '도서관 고구마'는 정말 맛있었을

야마가와 도서관의 고구마 심기

것이다.

　고구마 심기는 그 후 몇 년 동안 계속되어 가을에 수확한 고구마를 다음 해에 도서관 이용자에게 새해 깜짝 선물로 나누어주기도 했다.

　2015년에는 '봉제 인형 숙박회'도 열었다. 미국 도서관에서 시작한 이벤트를 도입한 것인데 아이들에게 큰 인기다.

　아이들이 좋아하는 인형을 가지고 와서 함께 이야기한 후 인형을 맡겨두고 귀가하면 인형은 밤에 도서관에서 지내는 이벤트다.

　야마가와 도서관에서는 크리스마스에 연관된 이야기를 들려주었다. 도서관에서 묵은 인형들이 대출 등을 체험하는 모습을 사진으로 모아 다음 날 아침에 아이들에게 인형과 앨범을 주었다.

　손이 가는 이벤트가 적지 않지만 하나하나 보면 얼마나 도서관이 아이들을 진솔한 마음으로 대하는지 느낄 수 있다.

　히사카와가 15년이라는 세월에 걸쳐 실천해 온 아이들 놀이터 만들기와 호기심을 늘리는 도서관은 착실히 뿌리내리고 있다.

　"원래 나는 초등학교 사서여서 아동 서비스는 비교적 잘해요. 당시 가르치던 학생과 아이들이 벌써 2, 30대가 되었지만 지금도 연락하고 여자친구가 생겼다는 둥 결혼한다는 둥 소식을 전해와서 기뻐요."

　아이들은 야마가와 도서관을 '야마토쇼'라고 부른다.

"야마토쇼에 가면 재미있잖아."

그리고 지금도 똑같이 그 아이들이 아빠와 엄마가 되어 자신의
아이들을 데리고 도서관에 온다.

제5장

도서관은 전문가 탐정?

마법을 쓰고 싶다는 소망에 응답하는 도서관

도서관 업무는 대출뿐만이 아니다. 이용자로부터 여러 가지 요청을 받아 적절한 자료를 찾아주는 레퍼런스(reference, 참고 자료) 업무도 한다.

많은 도서관에서 책 대출과 반납 외에 '레퍼런스 코너', '찾는 코너' 등을 운영한다. 레퍼런스라는 말이 어려울 수 있기에 단순하게 '?' 마크를 내건 도서관도 있다.

레퍼런스라고 하면 학술적이라고 어려워할 수 있다. 그런데 후쿠이현립도서관이 출판하여 화제가 된 『100만 번 죽은 고양이: 착각한 제목 모음집』은 레퍼런스 사례집이다.

이 책은 생각 없이 웃고 넘기는 책에 관한 사소한 질문을 정리했다. 예를 들어 '엄청난 크리스털', '나를 찾지 말아줘', '아랫마을 로봇', '나방에게 귀걸이', '어이 그러지 마. 너 동아리 그만두는 거야?', '인생이 정리되는 설레는 마법' 등 이용자의 어슴푸레한 기억을 바탕으로 전문 사서가 찾아준 책 이야기 등이다.

'배배 꼬인 크로마뇽 같은 이름의 무라카미 하루키 책'은 초보자인 내가 찾을 수 있을 정도로 『태엽 감는 새 연대기(쿠로니쿠르)』라고 바로 맞힐 수 있었지만, '옛날부터 어떤 햄스터 같은 책'은 바로 알기 어려웠다. 아마도 셰익스피어의 『햄릿』을 의미했던 것 같다.

전국의 도서관과 협력하여 많은 레퍼런스 사례를 모은 국립국회도서관의 '레퍼런스 협동데이터베이스'*도 있다.

이 데이터베이스에 등록된 사례를 보면 후쿠이현립도서관뿐만 아니라 "도서관은 이런 질문까지 해결해 주나?" 하는 것이 꽤 많다.

아이치현 가마코리시립도서관 아동실 카운터에 여섯 살 아이가 "마법 책 있어요?"라고 물었다. 도서관 직원이 자세하게 물어보자 아이는 "마법을 사용하고 싶다."라며, "어려워도 열심히 읽겠다."라고 말했다.

그래서 아이와 함께 마법과 요정 책을 찾았고 『마법 도감: 마녀가 되기 위한 11개 레슨』등 세 권의 책을 보여주었다.

책에는"마법을 쓰기 위해서는 수행이 필요하다."라고 쓰어 있었다. 아이는 그 책을 받아서 "엄마와 함께 수행해보고 마법을 쓸 수 있게 되면 보여줄게요."라며 돌아갔다.

이 사례의 예비란에는 더 귀여운 이야기도 덧붙어 있다.

"다음에 아이가 책을 반납하러 와서는 집에서 빗자루를 만

● http://crd.ndl.go.jp/reference

들었고 2초 정도 날았다고 멋쩍어했다."

설령 작은 아이의 질문이라도 바르게 응대해 주는 것이 도서관
이다. 그 레퍼런스로 인생이 바뀔 수도 있으니까.

도서관에 가져온 오래된 우유병

이부스키 도서관도 물론 레퍼런스 서비스를 한다. 1층의 접수
창구에는 이용자의 여러 질문이 들어온다.

2019년 7월, 어떤 이용자가 우유병 하나를 들고 왔다. 출근
도중에 길에서 우연히 주웠다고 한다. 근처의 빈집에서 비에 흘러나
온 것 같았다. 여성은 병 수집가였다.

우유병의 흙을 씻어내자 '무라야마목장', '전화 27번'이라는 문
자가 나타났다. 그러나 그 근처에 목장은 없었다.

"어디에 있던 목장일까?"

이상하게 생각한 여성은 우선 트위터에 이 일을 올렸고, 1928
년 발행된 이부스키 온천 팸플릿에 "순양우유라면 오무라산유소 전
화번호 27번"이라고 기재되어 있는 것을 알게 되었다.

여성은 좀 더 자세히 알고 싶어서 우유병을 도서관에 가져온

것이다. 옛날 전화번호부와 지도에서 무라야마목장을 찾아보려는 것이었다. 그러나 도서관에는 그런 자료가 없었다. 보통이라면 "자료가 없으니 어쩔 수 없네요."라고 해도 이상하지 않겠지만, 이부스키 도서관은 달랐다.

여성의 의문을 레퍼런스로 접수하고, 이를 알 만할 것 같은 마와타리 사진관의 마와타리 씨에게 바로 전화를 걸었다. 그는 95세였다.

그러자 "무라야마목장에는 육상선수를 하는 발 빠른 아들이 있어 맨발로 우유를 배달했다. 장소는 야마자키제빵 뒤편이다."라는 것을 알게 되었다.

결국 소개에 소개를 거쳐 여섯 명에게 알아본 결과, 무라야마목장은 제2차 대전 전 이부스키시 오무레 근처에 있었고 50마리 정도의 소를 키웠던 곳이라는 것을 알게 되었다. 게다가 근처에 목장 운영자의 손자가 살고 있다는 사실도 알게 되었다.

그해 9월 드디어 우유병을 발견한 여성과 손자가 만나 우유병은 손자에게 전해졌다. 그 남성은 대만 태생으로 조부모가 경영하던 목장에 관해 잘 몰랐지만, '외가가 이부스키의 목장이니 일본에 가면 우유를 많이 마실 수 있다.'고 기대했다고 한다.

그러나 여덟 살에 일본에 돌아온 남성은 우유를 마실 수 없었다. 전쟁으로 아들 둘을 잃고 조부를 먼저 떠나보낸 조모는 전후 목장을 그만두어 버렸기 때문이다.

우유는 마실 수 없었지만, 가족의 마음과 역사가 담긴 우유

병은 남성의 품으로 돌아가 현재는 꽃병으로 집 안의 불단에 놓여
있다.

조사를 담당한 시모히고시는 "어떤 자료만으로 답하는 것이
레퍼런스는 아니다."라고 생각했다고 한다.

> "자료가 없으면 스스로 자료를 만들어 내는 것도 필요하
> 다고 느꼈습니다. 어떤 의문도 그냥 허투루 하지 않고 할 수
> 있는 데까지 힘쓰는 것 그리고 지역과 네트워크를 만들어 놓
> 는 것이 중요하다고 느꼈습니다. 포기하지 않는다면 실마리
> 는 반드시 있지요."

우유병 레퍼런스 사례는 2020년 11월, 그해에 우수 레퍼런스
를 제공한 도서관에 주는 '제6회 레퍼런스 대상'에서 심사위원 특별
상을 받았다.

> "궁극적인 레퍼런스는 사람이라고 생각합니다. 도서관은
> 마을과 사람을 연결하는 장소이기도 하다는 것을 잘 알게 되
> 었습니다. 어떤 사소한 것이라도 좋으니 알고 싶다는 수요
> 만 (수동적으로) 수용하는 것이 아니라 (적극적으로) 사람들에
> 게 상담도 하면서 알고 싶은 것을 알게 되면, 그게 삶의 양식
> 이 되고 즐거움이 되는 것이지요."

시모히고시의 수상 소감이다.

그 후 손자인 남성이 기억을 더듬어 당시의 목장 주변 지도를 그려주었다. 이부스키 도서관에서는 그런 자료를 모아 한때 이부스키에 있던 목장의 역사를 전하고 있다.

해군항공기지에서 출격한 특공대

2019년 기준으로 이부스키 도서관의 레퍼런스 수는 3천 3백 건이다. 가고시마현 내에서는 가고시마현립도서관, 가고시마시립 도서관 다음으로 많다. 그 배경에는 우유병 사례처럼 그저 문의에 대답만 하는 것이 아니라 지역 문화와 역사를 발굴하여 마을과 주민의 '보물'을 발견하고자 하는 남다른 자세가 있다.

2010년 4월 이부스키 도서관에 도쿄에 사는 I씨가 찾아왔다. I씨는 봉고차로 여행하던 중에 이부스키에 머물렀다.

I씨는 해안가 국민휴가촌에서 궁금한 비석을 보았다. '이부스키 해군항공기지 애도비'였다. 국민휴가촌 캠프장은 많은 사람이 찾는 장소다. 지금의 한가로운 풍경으로는 믿을 수 없는 일이지만, 2차 대전 중에는 이곳에 해군항공기지가 있었다. I씨가 발견한 것은 그런 역사의 흔적이었다.

"이부스키에 그런 사실이 있었던 것을 알고 싶다."

그러나 군사 전문용어로 질문한 I씨에게 도서관이 대응하는 것은 한계가 있어서 I씨는 결국 알고자 하는 것을 알아내지 못하고 도쿄로 돌아갔다. 소라마메회가 지정관리자로서 도서관 운영을 시작한 지 얼마 되지 않았던 때여서 지역 자료도 충분하지 않았다.

2010년 4월, 다시 이부스키를 찾아온 I씨는 국립국회도서관 간사이관, 방위청, 자위대 등에서 이부스키 항공기지에 관한 정보를 모아왔다.

그래서 I씨와 함께 레퍼런스 조사를 시작했다. I씨가 국립국회도서관에서 발견한 사진을 이부스키의 마와타리 사진관에서 찍었다는 것을 알고 I씨와 시모히고시는 그 사진관으로 찾아갔다.

사진관의 마와타리는 전쟁에 관한 이야기를 들려주었다. 차마 듣기 어려운 이야기들이었다. 이부스키 도서관에서는 그 후에 지역 자료를 모아 역사를 기록하기로 했다.

시마오 도시오의 흔적을 찾아라

이런 상담도 있었다.

2020년 9월부터 6개월 동안 공조기 수리 공사 때문에 휴관하던 이부스키 도서관에 한 건의 레퍼런스 요청이 들어왔다. 휴관이어서 접수하지 않는 것이 원칙이었지만 시 직원까지 같이 와서 일단 이야기를 들어보았다.

"다른 것을 찾아보던 중 시마오 도시오가 이부스키에 살았던 것을 알게 되었어요. 예전에 한동안 체류했었나 봐요. 당시 살던 장소와 요양차 머물렀던 료칸(여관)의 이름과 작가 요시다 미쓰루(吉田満)와 대담한 호텔 장소를 알고 싶어요."

그 남성의 요청이었다.

『죽음의 가시』 등으로 알려진 시마오 도시오는 가고시마현에 연고가 있는 작가다. 요코하마에서 태어나 1940년 규슈제국대학(현 규슈대학)을 조기 졸업하고 입대했고, 가고시마현 아마미군도의 가케로마도에서 대기하던 중 종전을 맞았다.

그 후에는 아내의 친정인 아마미에서 고등학교 강사와 가고시마현 직원 등을 역임한 후 1958년 가고시마현립도서관의 분관 아마미분관의 관장이 되었다. 당시 시마오의 상사는 무쿠하토 쥬, 즉 구보타다. 시마오는 낮에는 도서관에서 일하고, 밤에는 작가로서 집필 활동을 했다.

이부스키에는 1975년 이주하여 1977년 가나가와현 치가사키시로 이사할 때까지 2년 5개월을 살았다.

이부스키에서의 시마오 행적에 관해서 조사하고자 한 이 남성은 가고시마현의회에서 지역 만들기를 하는 미야지마 다카오(宮島孝男)였다.

이부스키 도서관에서 자료를 조사하고 책도 빌려 간 미야지마는 후일에 "실제로 살던 장소에 가보고 싶다."라며 다시 도서관에 연락했다.

그러나 도서관에서도 구체적인 장소까지는 알 수 없었다. 그래서 시모히고시는 당시 시마오 가족과 교류가 있던 이부스키 도서관의 전 사서 오요시 미치요(大吉訓代)에게 연락했다. 미야지마가 방문하자 오요시는 더 잘 알 만한 사람을 소개해 주었다.

도노사마유(殿樣湯) 온천은 이부스키시 서쪽에 있는 온천으로 제27대 시마쓰 당주 시마쓰 나리오키(島津斉興)가 1831년에 설치한 곳이다. 지금도 욕조와 타일이 남아 있고, 시의 문화재로 지정된 곳이다.

욕조에는 지금도 시마쓰가의 문양이 새겨져 있다. 관광객과 지역 사람들에게 친숙한 온천이다. 그곳을 대대로 관리하던 이마바야시는 흔쾌히 조사에 협력해 주었다.

“시모히고시 씨가 일하는 도서관은 자주 신문이나 티브이에 나와서 잘 알고 있어요.”

가고시마 근대문학관과
오야소이치문고도 협력

미야지마가 질문한 다음 과제는 더욱 어려운 것이었다.

"1951년 7월부터 8월까지 시마오가 작가인 아내 미호와 장남과 이부스키의 온천에 체류했다고 하는데 어디일까요?"

이부스키 도서관 자료를 샅샅이 뒤져도 찾을 수 없었다. 그때 마침 시마오의 자료를 수집하는 가고시마 근대문학관 학예원에 연결되었다.

학예원에서 그곳이 이코마야 료칸(生駒屋 旅館)이라는 것을 알게 되었다. 미야지마는 그곳이 어디인지 알고 싶다고 했다. 그 끈질긴 탐구심에 놀라 마지막까지 함께 캐보기로 했다.

한편 이부스키 도서관에서는 휴관 때문에 쉬는 직원들이 자료 정리를 하고 있었다. 그 자료 중에는 1951년 발행된 지역 안내도도 있었다. 우연히 그 안내도에서 이코마야 료칸을 발견했고 주소도 확인할 수 있었다.

바로 미야지마에게 전화를 걸었다. "대단해요. 대단해!"라며 전화기 너머로 미야지마의 흥분한 목소리가 들려왔다.

료칸이 있던 지역에는 마침 시모히고시의 친구가 살고 있었다. 친구의 가족들이 실제로 있었던 장소를 잘 알고 있어서 안내해 주었다.

탐정소설처럼 새로운 사실이 발견되면 다음의 수수께끼를 찾는 레퍼런스 조사가 계속되었다.

시마오 가족이 머물던 여관 다음은 시마오가 요시다 미쓰루와 대담한 장소를 찾는 일이었다.

미야지마는 대담을 주최한 문예춘추를 찾아갔지만, 1977년 일로 너무 오래전이어서 당시의 장소를 아는 직원이 없었다.

미야지마는 이부스키의 역사를 간직한 여러 곳의 료칸을 찾아 다녔지만, 실마리를 찾지 못했다. 그래서 시마오의 일기를 다시 천천히 읽어보고, 지금도 영업하는 이부스키 슈수이엔(秀水園)이라는 료칸을 발견했다.

대담 사진은 문예춘추에 남아 있었지만, 결정적인 단서를 제공한 것은 도쿄에 있는 잡지전문도서관 오야소이치문고(大矢壯一文庫)의 직원이었다.

그 직원은 시미오와 요시다의 대담이 게재된 잡지《문예춘추》를 찾아냈다. 바로 그 이부스키 슈수이엔에서 대담이 이루어졌다는 것을 확인했다.

이것으로 미야지마가 이부스키 도서관에 문의한 레퍼런스는 모두 끝났다. 쇼와 시대*에 분명히 이부스키시에서 활동하고 살았던 시마오의 발자취가 밝혀진 것이다.

미야지마는 이 조사 결과를 참고로 2021년 여름『시마오 도시오와 이부스키 그리고 우스키(宇宿)』라는 책을 출판하여 이부스키 도서관, 가고시마현립도서관, 국립국회도서관에 기증했다. 이 책이 인연이 되어 2022년 여름 이부스키문화협회 설립 50주년 기념으로 도노사마유 근처 주차장 벽에 시마오 도시오 거주지 간판도 세웠다.

● 쇼와 시대는 1926~1989년까지의 시기이다. (역주)

후일담이지만 2022년 6월 시모히고시가 이 기사의 복사본을 이부스키 슈수이엔 사장에게 보여줄 기회가 있었다. 사장에 따르면 객실의 기본적인 장소와 구조는 바뀌지 않았다고 한다. 함께 찾아보자는 사장의 말에 눈에 띄는 객실 몇 곳을 돌아보고 411호실에서 대담이 이루어졌다는 사실을 확인했다.

시모히고시가 객실에 들어서자 정말 기사의 사진에서 둘을 배경으로 찍힌 책장이 그대로 놓여 있었다. 그 뒤 슈수이엔 현관 한편에 시마오 도시오 코너가 생겼다. 이코마야 료칸 흔적지에도 간판 설치를 검토 중이다.

시모히고시는 앞으로 이부스키 문학 산책 관광으로 이 장소들을 활용하고 싶다고 생각하고 있다. 이 레퍼런스는 제7회 레퍼런스 대상 심사회 특별상을 수상하여 이부스키 도서관은 2년 연속 수상 기관이 되었다.

레퍼런스로 판명된 도노사마유 근처에 있던 시마오의 거주지에는 2022년 6월 간판이 설치되었다. 간판에는 시마오가 집필한 한 구절이 소개되어 있다.

"지금의 온천 바로 밖에는 한때 번주가 사용했다는 오래된 욕조의 흔적이 있고, 그 뒷면에는 온천의 신으로 불리는 보살마저 자리 잡고 있다.

1408번지는 때때로 온천 증기가 짙은 안개처럼 피어오르는 니탄다강(二反田川) 기슭의 제방 안쪽에 조용히 숨어 있는 마을이었다."

눈을 감으면 시마오가 사랑한 당시의 '숨은 마을'의 모습이 떠오를 것만 같다.

제6장

도서관은 제3의 장소

도서관에서 귀신의 집을

이부스키 도서관의 지금 건물은 1984년에 지어진 것이다. 그때까지는 이부스키정 경찰서 도장이었던 건물을 쓰기도 했고, 옛 시청 별관으로 이전한 적도 있다.

옛 시청에 있던 도서관은 초등학교 근처였다. 이부스키 도서관 전 사서 오요시에 의하면 폐관하고 신축 도서관으로 옮기기 위해 짐을 싸고 있을 때 아이들이 창문 너머로 쳐다보며 "우리 책을 어떻게 하려는 거지?"라며 수군거렸다고 한다.

아이들은 방과 후 도서관에 들러 책을 빌리고 노는 것이 일과였다. 새로운 도서관은 한 정거장 떨어진 다른 학군에 지어졌다.

아이들은 놀이터를 빼앗겼다고 느꼈을 것이다. 그래서 작업하고 있는 직원에게 매일같이 와서 "그 책을 어디로 가져가는 거예요?", "아줌마도 이제 못 만나고 어떡하면 좋아요?"라고 말했다. 오요시도 마음이 먹먹했다고 한다.

아이들이나 어른들에게나 도서관은 소중한 공간이다. 소라마메회는 이부스키 도서관과 야마가와 도서관을 운영하면서 그런 가치를 소중히 여기며 활동해왔다.

2014년부터 5년에 걸쳐 이부스키 도서관은 '도서관 미스터리 투어'를 실시했다. 신음 등을 배경음악으로 깔고 무서운 책을 읽는 '무서운 이야기회'를 한 후에 도서관을 무대로 귀신의 집을 열었다. 시민 자원봉사자들이 귀신으로 분장하고 아이들을 기다렸다.

이불을 덮어쓴 귀신, 공포 영화 〈링〉에 나오는 귀신 등 진짜 귀신 같은 모습에 울면서 도중에 돌아가는 아이들이 있을 정도지만, 평소와 다른 도서관을 즐기는 인기 이벤트였다.

그냥 재미만 있는 것만 아니라 시민들과 같이한다는 소라마메회다운 이벤트다. 어떤 귀신으로 할지 테마를 상의하고 시민과 함께 준비한다.

시모히고시에 따르면 보통은 도서관을 이용하지 않지만, 일 년에 한 번 귀신 역할을 하기 위해 오는 남성도 있었다고 한다.

이부스키시립도서관과 시민의 관계를 보고 있노라면 '제3의 장소'라는 말이 떠오른다. 집(제1의 장소), 직장(제2의 장소)과 다른 제3의 장소는 미국 사회학자 레이 올덴버그가 만든 말이다. ●

술집, 카페, 서점, 도서관이 지역 거점으로서 나이와 상관없이 정보를 공유하고 의견을 교환하는, 민주주의 사회에 있어서 중요한

● R. Oldenburg. 1989. The Great Good Place. New York: Marlowe & Company. (김보영 역. 2019. 『제3의 장소: 작은 카페, 서점, 동네 술집까지 삶을 떠받치는 어울림의 장소를 복원하기』. 서울: 풀빛). (역주)

장소가 된다는 의미다.

올덴버그는 제3의 장소의 가장 중요한 기능은 주민을 단결시키는 것이라고 말한다. 제3의 장소에서 즐거운 모임을 경험하면서 신구 세대가 교류하고 서로를 보살필 수 있게 된다. 중요한 것은 그렇게 하는 근본적인 이유가 개인의 이익이나 시민의 의무 때문이 아니라는 것이다.

이부스키 도서관과 야마가와 도서관에 모여 이벤트에 참가하고 사람과 교류하는 것 또한 도서관이 제3의 장소로서 역할을 담당하는 것이다.

선생님, 부장님 호칭 금지

이부스키시는 2016년부터 제3의 장소를 만드는 '시민카페사업'을 전개했다. 시내의 5개 거점 시설 사업자와 협동하여 각 시설을 지역 만들기에 관심 있는 시민이 편하게 만나 교류하고 연대하는 장소로 만드는 사업이다. 이부스키시립도서관도 이 사업에 참여했다.

이부스키 도서관의 테마는 '지역 알기, 도서관 알기, 지역과 도서관 연대'나. 야외에서 사용할 수 있는 탁자, 의자, 파라솔을 구입하고 날씨 좋은 날에 밖에 설치하여, 지나가는 사람이 도시락을 먹기도 하고 도서관 이용자가 휴식하는 장소로 제공했다.

실내에도 커피머신과 온수기를 구입하여 도서관 업무가 끝나고 열리는 독서회와 이벤트 참여자에게 카페에 있는 것처럼 지낼 수 있게 했다.

> "도서관이 그저 책 빌리고 반납하는 장소, 책 읽고 공부하는 장소에 머무는 것이 아니라 보다 다양하게 시간을 보낼 수 있는 곳이 되어야 합니다."

시모히고시는 이렇게 말한다.

시민카페사업은 5년으로 종료했지만 그사이에 이부스키 도서관이 진행한 이부스키 철학 카페, 이부스키 독서회는 시민에게 호평받았다. 다양한 참가자가 한자리에서 차를 마시면서 친근한 테마로 이야기를 나눈 좋은 기회였다.

참가 조건의 하나는 '평소의 관계는 여기에서 잊기'였다. 상사 부하 관계, 연인 관계, 사제 관계의 사람들이 있을 수 있지만 그런 관계를 잊고, 선생님, 부장님 같은 호칭도 금지했다. 진정한 제3의 장소인 것이다.

이외에도 소라마메회는 이부스키역 앞에 있는 족욕탕에서 '그림극장 이부스키 옛날이야기 상연'이라는 깃발을 걸고 관광객 대상으로 가고시마 사투리로 그림극장을 공연했다.

짐 자전거에 놓인 그림상자에서는 "있었는가 우짰는가 모른까네."라는 말과 함께 이부스키의 전통과 옛날이야기를 이야기했다.

이부스키에서만 체험할 수 있는 가고시마 사투리 그림극장에

역 앞 족욕탕에서 진행한 그림극장

"격 없는 말투가 정겹다."라며 많은 관광객이 매료되었다.

이는 사회교육과, 역사문화과, 문화재계 직원들의 '이부스키 전체가 박물관 프로젝트'[*]의 일환으로 진행한 것이다. 이 프로젝트는 지역 역사와 풍토 등을 교육하며, 마을 만들기를 통해 관광 진흥을 하고자 한 것이다. 이부스키시립도서관도 지역 자료를 참고한 그림극장 제작으로 협력했다.

그림극장은 현재도 '이부스키 전체가 박물관' 홈페이지에서 볼 수 있다.[**] 도서관이 관광 분야와 협업한 사례로 지역신문에도 소개되었다.

● https://www.city.ibusuki.lg.jp/marugoto
●● https://www.city.ibusuki.lg.jp/marugoto/mukashibanashi

기차역 도서관

관광과의 협업은 이부스키역과의 연대 사업도 있다.

기차를 기다리는 동안 책을 읽도록 역에 '기차역 도서관' 코너를 설치했고, 이벤트 정보지도 전시했다. 도서관 소장용 책들이지만 낡은 책이나 중복된 책은 가져갈 수도 있다. 또한 관광 열차에서 안내 방송으로 도서관 자료를 사용한 관광 안내도 했다.

이부스키 도서관에도 '기차역 코너'가 있다. 철도 관련 서적을 모아놓기도 하고, 아이들이 역장에게 편지를 보내는 우체통도 있다.

2015년 4월 소라마메회는 지정관리자로서 3기에 들어갔다. 2기 때처럼 다른 응모자는 없었다. 3기도 5년간 계약했다. 관광, 교육, 마을 만들기와 소라마메회 활동이 도서관 밖에서 활발히 전개된 시기이기도 하다.

출장 이야기회

통상적으로 도서관에서만 하는 이야기회를 관외 여기저기서 진행한 것도 소라마메회다.

시모히고시가 말하길, 시와의 계약 사항 중에 출장 이야기회 항목은 없었지만 출장 이야기회에 노력을 쏟았다고 했다. 주로 유치원, 초중고·대학교, 고령자 시설, 장애인 보호소 등 많을 때는 연간 30~40회 정도로 출장을 갔다.

그중 특이했던 것은 고등학교 이야기회이다. 가고시마현립 이부스키고등학교에서는 진로를 정한 3학년을 대상으로 매해 1월에 '미래 계획 향상'이라는 프로젝트를 진행한다.

고등학생들이 좀 더 지역에 관해 알기 위해 팀 단위로 배우고 공헌하는 경험을 하는 프로그램으로서 가까운 초등학교와 유치원에서 이야기회를 열어왔다.

물론 고등학생들은 이야기회를 하는 방법을 모른다. 그래서 소라마메회가 학생들을 상대로 오리엔테이션을 진행했다. 오리엔테이션에서는 이야기회에서 사용할 굿즈와 아이들에게 인기 있는 책을 소개하기도 하고, 그림극장 연기 방법 등을 전수했다.

오리엔테이션 후 1개월 뒤에 진짜 이야기회를 진행했다. 소라마메회는 준비와 리허설 그리고 이야기회 지원을 했다. 학생들은 작은 아이들 앞에서 열심히 책을 읽어주고 그림극장을 공연했다. 때로는 댄스 공연도 섞어서 흥미를 유발했다.

고교 생활 마지막의 이런 경험은 앞으로 지역을 지탱하는 인재 육성으로도 이어질 것이다.

소라마메회는 노인복지센터에서 열리는 행사에 참여하여 이야기회를 열기도 한다. 그곳에서는 구수한 지역 사투리로 또 오라며 환대받았다. 전래 동화를 읽어드렸을 때는 옛 생각이 난다며 기뻐하셨다.

이야기회에 참가한 고령자 세대는 책 읽을 시간도 없이 일만 해 온 분들이었다. 시모히고시는 이야기회의 의의를 이렇게 말한다.

"이 세대의 분들이 세금을 냈기 때문에 이부스키시 도서관을 지을 수 있었어요. 이분들이 제발 도서관을 이용해 주길 바랐습니다. 하지만 어떤 책을 읽어야 할지 모르겠다, 도서관에 가고 싶어도 운전할 수가 없다, 그런데 노인복지센터까지라면 버스가 다니니 올 수는 있다. 이런 고령자분들이 오십니다."

도서관에 오고 싶어도 오지 못하는 사람들이 있다. 소라마메 회는 그런 사람들에게 책을 전달할 방법을 궁리하기 시작했다.

이부스키에도 이동도서관이 있었다

시에는 예전에 '쓰마베니호'라는 이동도서관이 있었다. 북모빌 이라고 불리는 책 실은 자동차로 도서관에 좀처럼 오지 못하는 사 람들에게 책을 전달했다.

전후 이런 형태의 도서관이 각지에서 활동했다. 제일 먼저 이동 도서관을 시작한 곳은 고치현, 그다음이 가고시마현립도서관이다. 1949년 지프형 트럭을 도입하여 '스바루호'라고 이름을 붙이고 지역 을 돌았다.

1985년 쓰마베니호도 이부스키시를 돌기 시작했다. 당시 사 진을 보면 하얀 차체에 파란 띠가 그려진 쓰마베니호가 많은 책을 싣고 물가에 정차하면 아이들이 모여드는 모습이 있다. 도서관에 쉽 게 오지 못하는 아이들은 이런 광경을 보고 마음이 두근두근했을 것 이다.

Calil(도서관 장서 검색 서비스)에 의하면 2022년 기준으로 349 개 이동도서관이 가동되고 있다. 그러나 유지비와 연료비 부담이 크 고 저출생 고령화로 이용 자체가 줄어들어서 최근 폐지한 경우도 많 다. 이부스키시도 예외가 아니어서 2005년 저출생을 이유로 폐지하고 말았다. 소라마메회가 지정관리자로서 도서관 운영을 시작하기 2년 전의 일이다.

그로부터 수년이 흘러 소라마메회의 걱정은 들어맞았다. 즉 이동도서관 폐지에 따라 도서관에서 먼 지역에 사는 아이들의 이용이 격감한 것이다.

소라마메회는 도서관 외에도 이야기회와 그림극장 등의 활동을 펼치고 있었지만, 시모히고시는 그런 기회를 누리지 못하는 사람과 도서관에 좀처럼 올 수 없는 사람을 안타깝게 생각했다.

"지역의 중심에서 떨어진 곳에 사는 아이들과 노인들에게 도 책을 접할 수 있는 '공간'을 넓히고 싶어요."

입원을 계기로 병실 문고를 만들다

시모히고시는 다른 구상도 하고 있었다.

그는 10년 전 여행 갔다가 계단에서 넘어져 척추압박골절을 당해 병원에 입원한 적이 있다고 한다. 완전히 드러누운 상태에서 먹는 것도 몸을 일으키는 것도 할 수 없었다. 사람이 아니라 벽의 일부가 된 느낌이었다.

당시 시모히고시는 『문예 이부스키』 교정 작업에 쫓기고 있었다. 어찌어찌해서 손과 입으로 일하던 중 옆에 입원한 할머니가 말을 걸었다.

"무얼 그렇게 부스럭부스럭해요?"

원고지를 넘기는 소리가 들렸던 모양이다. 시모히고시는 이렇게 설명했다.

"『문예 이부스키』라고 주민들이 쓴 작품을 책으로 만드는 데 그 원고를 손보고 있어요."

그러자 "무슨 이야기가 쓰여 있는데요?"라고 물었다.

시모히고시가 "읽어드릴까요?"라고 말하자 그렇게 해달라는 요청이 왔다. 그래서 소리 내어 원고를 읽기 시작했다.

할머니는 "어, 좋네. 이부스키 사람들이 그런 생각을 하며 사는구먼."이라고 말하며 울고 웃으며 낭독 내용을 들었다. 수일 후 그 할머니가 병상을 옮기게 되어 드러누운 처지에서 서로를 못 보던 두 사람은 처음으로 얼굴을 마주 보게 되었다.

할머니는 울먹이며 이렇게 말했다.

"당신이 매일 읽어준 이야기 덕분에 누워 있는 것도 힘들지 않았어요. 고마워요.

당신 목소리가 참 좋네.

예전에 어머니한테 이야기를 듣던 생각이 났어요.

다시 만나요. 힘내요."

그 뒤 시모히고시는 조금 더 회복하여 걸을 수 있게 되었다. 이번엔 책을 가지고 병실 여기저기를 돌며 낭독하게 되었다. 병원 안에서 호평받아 깁스를 한 채 여러 병실에 초대되어 낭독했다.

입원한 환자들은 시모히고시의 낭독에 웃기도 하고 생각에 잠기면서 대화가 늘었다. 누워서 죽은 것같이 있던 어른이 웃게 되고, 시모히고시가 돌아간 후에도 병실에 대화가 늘었다고 한다.

급기야 시모히고시는 이부스키 도서관에서 단체 대출을 하여 책을 가져와 '병실문고'를 만들고 말았다. 그러자 병실에서 책 읽는 환자들이 속출했다. 간호사들로부터도 "병실이 밝아졌다."라는 이야기를 듣게 되었다.

도서관의 책을 가져와 점심 식사 후와 저녁을 먹은 뒤에 복도에서 종이접기 교실도 개최했다. 복도에 웃는 소리가 넘쳐 간호사와 의사가 무슨 일인가 하고 고개를 내밀었다. 시모히고시는 문병 온 친구에게 종이접기 재료를 부탁하여 친구가 올 때마다 종이접기 교실이 열렸다.

그때까지 움직이지 못했던 손가락을 종이접기를 하면서 움직이게 된 할머니가 나왔다. 움직이지 않았던 오른발도 움직이게 되었다. 소문을 듣고 다른 병동의 신경외과에서 물리치료를 받던 사람들이 종기접기를 하러 오기 시작했다.

시모히고시가 퇴원하기 전날에는 피아노 연주자인 친구를 불러 홀에서 피아노 연주와 낭독회와 그림책 읽기를 했다. 마지막에는 모두 동요를 합창했다.

시모히고시가 퇴원하기 전날, 수간호사가 이렇게 말했다.

"아무리 약과 의학이 발전해도 스스로 낫겠다는 의지가 없으면 낫기 힘들어요. 당신이 한 일은 병원에서는 정말 필요한 일이에요. 제발 앞으로도 자주 와주세요."

병원의 환자들은 스스로 도서관에 오기 힘든 경우가 많다. 시모히고시는 이렇게 말한다.

"도서관에서 이용자를 기다리는 것이 아니라 도서관에 올 수 없는 사람들에게도 책이 있는 공간을 전해주고 싶어요. 책을 매개로 즐거운 소통을 하고 싶어요."

그런 차가 다닌다니 좋네

그래서 이동도서관 부활을 시도하게 되었다. 정확하게는 '이동식 북카페 차'다. 그냥 책만 가지고 가는 것이 아니라 책을 읽으면서 커피를 마실 수 있는 '공간'까지 가져간다는 소라마메회다운 아이디어다.

그렇다고 해도 책을 실으면 꽤 무게가 나간다. 어떤 차가 좋을까, 개조 비용은 얼마나 들까. 모르는 것 천지였다. 처음에는 근처 자동차 정비 공장에 상담했다. 70대 사장이 이렇게 말했다.

"아이디어가 정말 좋네요. 그런 지역이 되면 정말 좋겠네요. 10년만 빨리 말했더라면 내가 할 수 있었을 텐데 이젠 늙어서 자신이 없어요. 할 수 없이 다른 공장에 물어보는 게 나을 것 같아요. 힘내요!"

응원의 말이었다. 사장이 소개한 시내의 캠핑카 제작사에 갔다. 구마모토 출신 남성이 상담해 주었다. 때는 2016년 4월, 구마모토 지진이 발생한 지 얼마 안 된 때였다. 남성은 지진 발생 직후 차에 물과 식료품을 싣고 8시간 걸려서 가족과 친구들이 있는 곳으로 갔었다. 그는 시모히고시의 말을 듣고 이렇게 부탁했다.

"그 북카페가 달리게 되면 지진 피해지의 가설주택 아이들에게 가줄 수 있나요?"

거절할 이유가 없었다. 정말 북카페 차량이 만들어지면 구마모토 아이들을 만나러 꼭 가겠다고 약속했다.

꿈의 실현을 위한 크라우드펀딩

그러나 꿈을 실현하기 위해서는 비용이 든다. 소라마메회에는 새 차를 구입할 예산이 없었다. 그래서 크라우드펀딩을 하기로 했다.

우선 1년간 크라우드펀딩을 공부했다. 그리하여 2017년 4월 '레디포(READYFOR)'라는 크라우드펀딩 서비스*에서 '이부스키에서 전국에! 책이 있는 공간을 전하는 북카페 프로젝트'를 만들어 모금을 시작했다.

크라우드펀딩을 해준 분들에게 200만 엔 지원에는 '달리는 북카페 명명권', 5만 엔 지원에는 '달리는 북카페 1일 점장권' 등을 답례품으로 제공했다.

목표액은 750만 엔. 설정한 기한까지 750만 엔을 모금하지 못하면 프로젝트를 추진하지 못하고 받은 돈을 모두 돌려주어야 한다. 차량 구입비·개조비 400만 엔, 서적 구입비와 그 외 350만 엔이 필요했다. 소라마메회로서는 꽤 큰 모험이었다.

SNS에 정기적으로 글을 올리면서 적극적으로 지원을 부탁했다. 처음엔 순조롭게 300만 엔까지 도달했다. 하지만 그 후에는 좀처럼 늘지 않았다. 소라마메회의 멤버가 친구와 지인 네트워크를 활용하는 것도 한계가 있었다.

● 레디포(https://readyfor.jp) 서비스에는 많은 마을 만들기 프로젝트가 올라와 있는데 평균 모금액이 1억 원일 정도로 호응이 꽤 높다. (역주)

제7장

달려라! 북카페호

버스 사라고 쥐여준 천 엔짜리

크라우드펀딩은 좀처럼 잘 진행되지 않았다. "이제부터 어떻게 해야 좋을까?"라며 고민하던 차에 우연히 지역 회계사무소의 도움을 받게 되었다.

소라마메회가 지정관리자가 된 그해에 회계에 관해 아무것도 알지 못했을 때 처음부터 하나씩 알려줬던 그 사무소다. 전무는 달리는 북카페 프로젝트 이야기를 듣고 정말 기뻐했다.

"지지하는 사람이 많아지면 사회를 바꿀 수 있는 시대니까요. 우리 지역에 그런 새로운 시도가 생긴 게 너무 기뻐요! 응원할게요."

마침, 일본 최초로 전원기숙사제 국제고등학교 ISAK을 가루이자와에 만든 여성 고바야시 린에 관한 책 『갈색의 얼룩말, 세계를 바꾸다』를 읽고 난 직후라고 하면서 멤버 모두가 여성인 소라마메회를 응원한 것이다.

전무는 시모히고시를 데리고 어업협동조합과 축산조합, 종합병원 등을 돌았다. 이 프로젝트가 지역의 미래에 얼마나 가치 있는가를 열심히 설명하며 기업 간부들을 설득하여 기부금을 모아주었다. 시모히고시는 옆에서 묵묵히 서 있기만 했다.

회계사무소는 창립 50주년 행사 예산 2백만 엔도 기부해 주었다. 애초에는 강연회를 열거나 기념품을 제작할 예정이었지만, "우리가 여기까지 온 것은 지역 여러분 덕분입니다. 우리들은 책을 골라 싣고 아이들에게 가서 책을 읽어주고 책을 전해주는 것은 할 수 없지만, 당신들에게 맡기면 아이들의 배움을 지원하는 것과 같겠지요. 그게 진짜 돈 쓰는 법 같네요."라며 마음을 써주었다.

이렇게 해서 흐름이 바뀌기 시작했다. 회계사무소장과 전무의 응원으로 목표액의 70%에 이르자 그때까지 도서관에 관심 없던 사람들도 기부하기 시작했다.

이부스키시에서는 온난한 기후 덕에 '알로하 마을 이부스키'를 모토로 매해 프라페스타 이벤트가 열린다. 2017년 6월 소라마메회도 프라페스타에 참가하여 그림극장 공연을 하고 크라우드펀딩 모금도 부탁했다.

호응이 높게 나타나 노포 고구마튀김집 오다구치야(小田口屋)의 사장은 그날 이벤트에서 팔린 고구마튀김 매출을 모두 기부했다. 상점 부스에는 "오늘 매출은 소라마메회가 추진하는 '이부스키에서 전국에! 책이 있는 공간을 전하는 북카페 프로젝트'에 전액 기부합니다!"라는 포스터가 걸렸다.

매일 도서관에 오는 초등학교 남자아이는 자신이 기른 채소를 팔아 그 돈을 기부했다.

행사장뿐 아니라 도서관에 직접 방문하고 "이것도 북카페에 써 주세요."라며 손에 쥔 돈을 기부한 남성이 있었다. 그 남성은 얼마 후에 다시 찾아와 "우리 회사에 말하니까 협조해 준다고 하는데 마음 변하기 전에 지금 바로 가보세요."라고 말했다. 남자가 소개한 회사에 가자 "좋은 활동을 하시네요, 힘내세요."라며 크라우드펀딩 지원을 약속했다.

또 어떤 날은 80세 정도의 할머니가 카운터에 찾아와 "이 돈으로 버스 사."라면서 꼬깃꼬깃한 천 엔짜리를 건네주었다.

시청의 젊은 직원은 "돈이 없으니 북카페 캔 배지를 만들어 거들게요."라며 일이 끝나고 도서관에서 캔 배지를 만들어 판 돈을 기부했다.

이런 지원을 받아 시작한 지 단 3개월 만인 2017년 6월에 목표액 750만 엔을 달성했다. 전대미문의 쾌거였다. 소라마메회뿐만 아니라 이부스키 시민들은 기쁨에 들썩거렸다.

사 상 최 고 액 천 만 엔 달 성!

시모히고시는 크라우드펀딩 서비스 레디포에서 지바현립도서관이 1949년에 시작한 이동도서관 히카리호 프로젝트를 본 적이 있다. 히카리호는 트럭을 개조하여 이동도서관을 운영하려는 프로젝트였다.

당시 지바현립도서관 직원은 관장으로부터 이런 말을 들었다.

"새로운 도서관 일을 도와주지 않겠어요? 시에 현립도서관이 있긴 해도 먼데 사는 사람은 오기 힘들잖아요. 같은 세금을 내면서도 정말 불합리하잖아요.

어떤 시골에 살고 있어도 시민과 같이 도서를 이용할 수 있도록 차로 가지고 가는 계획이에요. 일종의 문화수평운동이죠. 어때요? 이동도서관 차를 운전하는 데 여러분의 면허증이 도움이 되지 않을까요?"

— 『문화의 아침은 이동도서관 히카리로부터』,
일본도서관연구회 오럴히스토리연구그룹 편집

시모히고시는 『문화의 아침은 이동도서관 히카리로부터』의 저자의 말도 소개했다.

"이동도서관의 역할은 도서관이 많더라도 서비스 공백 지역을 찾아가 소외된 사람들을 만나는 것(아웃리치 서비스, outreach service, 봉사활동)에 있다.

이는 누구라도 도서관을 이용할 수 있다는 공공도서관의

기본 원칙에 기반한다. (중략) 이동도서관도 제3의 장소 역할
을 하는 존재인 것이다."

시모히고시는 "지금 다시 이 마을에 이동도서관 차를 달리게
하려고 해요. (이동도서관을 운영하지 않던) 지난 12년간 보살피지 않
은 지역 어린이들에 대한 통렬한 반성이기도 합니다."라고 말한다.

이는 소라마메회가 민간 비영리법인이면서도 문화수평운동을
하지 않았다는 것에 대한 통렬한 자기반성이기도 하다.

크라우드펀딩을 시작하지 않았을 때도 소라마메회는 자차로
이동식 책장을 갖춘 북 트럭을 끌고 도서관에서 먼 지역의 어린이집
을 찾았다.

어린이집에 도착해서 차에서 책장을 밀면서 내리면 어느새 아
이들이 다가와 책장을 둘러쌌다. 바닥에 시트를 깔고 앉아 좋아하
는 그림책을 골라보며 선생님에게 읽어달라고 졸랐다. 운영을 마치
고 떠날 때 선생님과 아이들은 이구동성으로 이렇게 말했다.

"꼭 여기에도 북카페가 오게 해주세요."

그런 간절한 마음을 담은 프로젝트였다.

목표액 750만 엔을 달성한 시점에서 아직 크라우드펀딩 모집
기간은 1개월 더 남아 있었다. 소라마메회는 이번에는 목표액을
1,300만 엔으로 올려 한층 더 지원을 호소했다. 지원이 많아지면 보

다 많은 책을 살 수 있고, 유지비를 충당할 수 있기 때문이다.

보름 뒤 멋지게 천만 엔을 달성했다. 당시 국내 도서관 관련 크라우드펀딩 액수로는 최고 금액이었다. 미디어도 이 성과에 주목했다.

그 후로도 계속 기부가 이어져 최종적으로 487개 단체와 개인으로부터 1,175만 엔을 모았다. 외국에서도 기부했지만, 대부분은 지역 주민들이었다. 소라마메회가 지정관리자가 된 지 10년. 열심히 도서관을 운영하여 지역 사람들과 이룬 결과가 이렇게 크라우드펀딩 성공으로 이어진 것이다.

소라마메 MEN

크라우드펀딩 종료 이틀 뒤인 2017년 7월 20일, 기부자들에게 이런 내용을 전달했다.

"우리들의 작은 꿈이 이렇게 큰 성원을 받을 줄 누가 알았겠습니까. 꿈을 이루고 싶다고 절실히 바라며 진심으로 호소하며 눈을 마주쳐 이야기하면서 물방울이 파문을 일으키듯 퍼져갔습니다.

소라마메회의 도서관을 테마로 한 첫 크라우드펀딩은 지원금 천만 엔뿐만 아니라 페이스북의 프로젝트 페이지에서도

'좋아요' 1만 회를 기록했습니다.

이는 앞으로 비영리법인과 마을 만들기, 도서관 활동에 큰 희망이 될 것입니다.

우리는 지금 안도감과 앞으로의 계획 생각에 가슴이 벅찹니다. 앞으로 하나하나 형태를 만들어 가겠습니다. 앞으로도 계속 소라마메회를 지켜봐 주십시오.

우리에게 지금 보이는 것은 아이들에게 이어진 하나의 길입니다. 그 길에 많은 책을 실어 산, 계곡, 작은 길을 지나 책을 기다리는 사람들에게 전하겠습니다."

드디어 '달리는 북카페'의 실현이 눈앞에 왔다.

크라우드펀딩을 마치고 며칠이 지나 바로 회의가 열렸다. 우선 차종을 정해야 했다. 책의 중량을 견딜 만한 대형차이면서도 소라마메회 멤버의 보통면허로 운전할 수 있는 차여야 했다. 그 외에도 검토할 것은 산더미같이 많았다.

7월 말에는 크라우드펀딩에서 명명권을 부여받은 회계사무소 소장이 북카페의 이름을 지었다. 그 이름은 '소라마메 MEN'이다.

"소라마메로 할까 하는 생각도 했지만 그대로 하면 밋밋하고 재미없을 것 같아서 좀 틀었어요.

그리고 소라마메회에는 남자가 없으니까 북카페호가 당신들을 지켜주기도 하고 끌어안아 주는 것 같은 생각도 넣어

북카페호

서 MEN(남성)이라고 지었어요."

'소라마메 MEN'은 소라마메회 멤버를 생각한 이름이었다.

좋은 장소를 만들어줘서 고마워요

중고 봉고차를 구입하여 개조했다. 차체는 색을 칠하기 위해 겉을 벗겨내고 자원봉사자 40여 명이 차제를 칠했다. 차 안에 책장과 커피를 내는 카운터를 설치하며 북카페호 소라마메맨의 모양을 갖췄다.

2018년 4월, 이부스키시 이케다 호숫가에서 처음 오픈한 북카페호를 본 3백 명은 함성을 질렀다. 미디어에도 등장한 바 있기에 "TV에서 봤어요!", "신문에서 봤어요!"라며 많은 사람이 말을 걸어 왔다.

북카페호는 귀엽게 완성되었다. 둥그런 형태에 파랑, 노랑, 빨강 등 3색의 산뜻한 컬러링으로 완성되었다. 파란색은 이부스키의 하늘과 바다, 노란색은 유채꽃, 빨간색은 무궁화꽃을 의미한다. 아이들한테서 들은 '이부스키의 색'에서 골라 디자인한 것이다.

책장에는 소라마메회가 고른 책뿐만 아니라 크라우드펀딩으로 기부한 사람들이 고른 책 등 5백 권이 진열되었다(나도 당시 1만 엔을 지원하여 '당신이 좋아하는 책을 놓을 권리'를 받아서 책을 추천했다).

북카페호 로고

역 앞의 북카페

차체의 로고는 디자이너 바토우 료타(馬頭亮太)가 필기체 소문자 'b'를 모티브로 토끼 얼굴 모양으로 디자인했다. 아이들이 좋아하는 책에 토끼가 제일 많이 등장하기 때문이다. 『토끼와 거북이』, 『이상한 나라의 앨리스』, 『피터 래빗』 등 그림책에서 친근했던 토끼가 여러 장소에서 나타나 책을 전해주는 이미지다.

차 뒤를 열면 커피를 제공하는 카운터가 설치되어 있고 테이블과 의자를 꺼내면 이름 그대로 북카페 완성이다. 꿈에 그리던 것이 현실이 되었다.

북카페호는 본격적으로 달리기 시작했다. 시내의 이벤트와 콘서트장, 역 앞의 족욕탕에 가면 바로 어른도 아이도 들러 책을 읽기 시작한다. 그런 활동 모습을 모든 시민이 본다.

2018년 9월, 역 앞에서 북카페호가 개관했을 때의 일이다. 시집을 읽던 할아버지가 시모히고시에게 말을 걸었다.

"대단하네. 북카페를 다 만들고. 다들 이래라저래라 말만 하고 안 하는 경우도 많은데 이렇게 해내다니 정말 대단해요.

나는 1940년대부터 50년대까지 이 마을에서 살다가 떠나고 70살에 돌아와서 이제 15년 정도 되었어요. 많은 사람을 떠나보내고 나만 살아 있어요.

혼자 살면서 3일 정도는 누구와도 말한 적이 없기도 해요. 가끔 친구가 전화하면 목이 잠겨 말이 잘 나오지 않곤 해요. 사람은 말하지 않으면 목소리가 없어지나 봐요. 그래서 일부러 바닷가에 가서 '아이우에오'라고 소리를 내보기도 해요.

역 앞에 오면 관광객이나 지역 주민들과 이야기할 수 있어서 좋아요. 이야기하기 편한 곳이니까요.

좋은 장소를 만들어 줘서 정말 고마워요. 여기에서는 시집을 읽으면 좋겠네요. 편하게 읽을 수 있으니까.

또 올게요. 정말 고마워요."

'북카페호 만들기를 잘했다.'

시모히고시의 가슴에 할아버지의 말이 울렸다.

지진과 태풍 피해지로

2018년 가을, 북카페호가 시동을 건 지 6개월. 드디어 여행을 떠나게 되었다.

매년 가을 요코하마시에서는 도서관계의 최대 이벤트인 '도서관 통합전'을 개최한다. 북카페호는 여기에 초대되어 이부스키에서 요코하마까지 육로로 가기로 했다.

모처럼 간토 지역까지 가기 때문에 구마모토 지진 피해지도 들르기로 했다. 북카페호를 구상할 때 상담해 준 정비 공장의 구마모토 출신 남성과의 약속을 지키기 위해서다.

지진 최대 피해 지역인 마시키마치(益城町)에 갔다. 마을 18곳에 약 1,550세대의 가설주택 단지가 있었다. 그 가운데 최대 가설주택 단지인 마시키마치 테크노 가설 단지에는 약 10개 가설주택에 1,300여 명이 입주해 있었다. 그 규모를 보면 지진 피해가 여전히 이어지고 있다는 실감이 난다.

이곳에서도 북카페호는 인기였다. 노인들은 북카페호가 싣고 온 드래곤 사탕과 감자 낫또 등 이부스키 특산품을 기뻐하며 사 갔다. 가고시마 사투리로 진행한 그림극장에도 귀를 기울였다.

2018년 9월에 발생한 태풍 21호로 피해 본 오사카부 다카쓰키시(高槻市)에도 들렀다. 그때 방문한 가시다(樫田) 지구는 산사태 때문에 심각한 피해를 본 산간 지역이었다.

이 지역은 시내 도서관에서 조금 멀어 이동도서관이 순회해 왔지만, 그나마도 시가 2017년 폐지한 상태였다.

북카페호를 본 다카쓰키초등학교 6학년 여학생은 마을신문에 이런 글을 실었다.

"저는 이동도서관이 부활하면 좋겠습니다. 책을 좋아하니까요."

여학생은 이동도서관에 놓을 책을 고르는 방송도서위원이었다. 이동도서관이 폐지되었지만 6학년이 되어서는 위원장이 되어 이동도서관 부활을 목표로 활동한다고 말했다.

로컬 도서관의 기적

그러한 때에 북카페호가 가시다초등학교를 방문했다. 여학생은 무엇을 했을까. 의외로 책을 읽기보다 주위의 동급생과 후배들의 모습을 관찰하고 있었다. "이동도서관이 부활했을 때 모두의 반응을 확인하기 위해서."라고 말했다.

그들이 새로운 책과 만나 즐겁게 웃고 있는 모습이 보였다. 여학생은 더더욱 마음을 굳히고 전교 스피치에서 이동도서관을 부활시키고 싶다고 발표했다.

선생님들은 "그 이야기는 너무 큰 욕심이라서 무리라고 생각한다."라고 말했는데, 여학생은 "포기하고 싶지 않습니다."라는 흔들림 없는 말로 이야기를 갈무리했다.

이부스키시도 이동도서관을 폐지했지만, 소라마메회가 북카페호를 만들어 달렸다. 그 움직임을 멀리 떨어진 지역의 여학생도 쫓아오고 있다.

도서관계의 저명한 상을 싹쓸이

소라마메회와 이부스키시립도서관의 활동은 서서히 전국으로 알려지며 높은 평가를 받았다.

2018년 12월 나온 문부과학성 중앙교육심의회의 '인구감소시대의 새로운 지역 만들기: 사회교육의 진흥대책'에서는 다음과 같이 소라마메회를 소개한다.

"최근 민관을 불문하고 다양한 자금 조달 방법이 주목받고 있다. 인터넷을 통해 불특정 다수의 사람으로부터 자금을 조달하는 크라우드펀딩은 정부와 대학교 등에 널리 확산되고 있다.

크라우드펀딩은 참가자가 그 사업에 관심을 가질 뿐만 아니라 참여 의식을 가지고 지속해서 관여하는 계기를 제공하는 효과적인 방법이다.

사회교육 부문 역시 마찬가지다."

2015년부터 소라마메회는 많은 수상을 했다.

- 2015년 어린이 독서 활동 추진 우수 도서관(이부스키 도서관 / 가고시마현립교육위원회)
- 2017년 사회교육 우수 단체(소라마메회 / 이부스키시 교육위원회)
- 2017년 READYFOR상(소라마메회 / READYFOR)
- 2017년 사회봉사상(소라마메회 / 국제 소롭티미스트 가고시마)
- 2018년 어린이 독서 활동 우수 실천 도서관 문부과학대신상(이부스키 도서관 / 문부과학성)
- 2019년 지역사회 공헌상(소라마메회 / 가고시마현지사 표창)
- 2020년 제6회 도서관 레퍼런스 대상 심사위원회 특별상(이부스키 도서관 / 도서관 통합전 운영위원회)

- 2021년 어린이 독서 활동 추진 우수 도서관(야마가와 도서관 / 가고시마현 교육위원회)
- 2021년 제7회 도서관 레퍼런스 대상 심사위원회 특별상(이부스키 도서관 / 도서관 통합전 운영위원회)
- 2021년 Library of the Year 2021 대상(이부스키 도서관·야마가와 도서관·소라마메회 / 지적자원이니셔티브)

도서관계의 유명한 상을 대부분 받았다. 지금까지의 모든 활동을 불과 열두 명의 소라마메회 회원들이 달성한 것이라고 하면 더 놀랄 것이다(2022년 기준).

열두 명 중에 사서자격증이 있는 사람은 열 명이다. 그 가운데 두 명은 일본도서관협회가 실무 경험과 실천적 지식·기능을 계속 수행한 자를 평가하는 '인정사서'다. 인정사서는 가고시마 현 내에 세 명뿐이다(2022년 기준). 게다가 비즈니스 라이브리언이 세 명, 문부과학성의 신임 도서관장 연수 수강자가 두 명 있다. 소라마메회의 활동은 그 전문성도 높은 수준이다.

지정관리자제도를 다시 바꾸자

2020년 4월 소라마메회는 4기 운영에 들어섰다. 2022년으로 운영 16년 차다. 공공도서관 지정관리자로 활동하는 비영리법인으로서는 전국 최고 수준이다.

그러나 과제도 많이 남아 있다. 부족한 인건비 문제가 가장 크다. 2019년 6월 시의회 정례회에서 소라마메회 인건비를 논의했다.

어떤 시의원이 "지정관리자가 되어 직원 수는 느는데 인건비를 연간 1,800만 엔 절약했다고 하면, 그만큼 직원 임금이 열악해진 것은 아닌가?"라고 질문했다.

이에 시 당국은 "지정관리자의 임금을 공무원 임금과 같은 수준으로 하기는 어렵다."라고 답변했다(《이부스키시의회 61호》, 2019년 9월 2일 발행).

이 이외에도 "지자체 직영 도서관이라면 관장이 의회에서 답변할 수 있지만, 지정관리자는 답변권이 없다.", "지정관리자로서 관장은 과장회의 등에 출석할 수 없다." 등의 한계도 나타났다.

그러나 소라마메회처럼 오랜 시간 실적을 쌓아온 지정관리자에게는 직영 도서관 직원 정도의 우대가 이루어지는 것이 마땅한 일 아닐까.

2003년 지정관리자제도가 시행된 후 이미 10년이 지났다. 이쯤 되면 제도 개선이 필요한 시점이다.

소라마메회를 칭찬하는 목소리는 높다. 그만큼 지정관리자제도 도입의 성공 사례라고 할 수 있다. 그러나 이 사례를 안일하게 베껴 쓴다고 성공할 수 있는 것은 아니다.

겉으로 보면 책 읽어주는 이야기회를 열고, 철마다 이벤트를 하고, 크라우드펀딩도 했다. 그러나 그 모든 것은 과정일 뿐이고 목적은 아니었다.

시모히고시는 지금까지의 발자취를 되돌아보며 '지정관리자제도의 현황과 과제'에서 이렇게 평가했다.

"이부스키 도서관 창고에는 전후 1949년에 비치된 책이 지금도 그대로 남아 있다. 한 권 한 권을 보면 전후의 혼란스러웠던 시대에도 '이부스키에 도서관을', '지식의 거점을' 구축한 사서와 도서관 직원의 숨결을 느낄 수 있다.

좋은 도서관이었다고 생각한다. 그런 멋진 도서관을 위탁받은 무거운 책임감을 느끼면서 우리는 매일 이 도서관을 소중히 키워 차세대에 물려주려고 노력하고 있다.

도서관은 육아와 같다. 사랑과 손길을 받아 크는 시설이다.

도서관은 '지식의 거점'으로서 마을 문화를 만들어 갈 수 있다. 시민의 쉼터로써의 도서관, 놀이터로써의 도서관, 마을과 협업하는 도서관, 시민의 생활이 즐거워지도록 도움을 주는 도서관. 그런 도서관을 민관 협력으로 만들고자 한다.

우선 할 수 있는 것부터 하나씩 하나씩 해나갈 것이다."

소라마메회의 목표는 무엇일까. 민간 조직이면서도 지역 공공도서관을 운영하는 막중한 책임을 부담하려는 것이다.

오늘날 공공도서관을 둘러싼 환경은 절대 좋지 않다. 이용자의 수요는 너무나 다양해지고 자료 구입비와 인건비는 형편없이 삭감되고 있다. 비정규직 고용이 늘고 임금이 너무 적어서 도서관에서 일하지 않겠다는 젊은 세대도 많다.

도서관의 미래에 불안함을 느끼는 도서관계 종사자가 많을 것이다.

그러한 환경 속에서 소라마메회는 공공도서관이 앞으로 걸어가야 할 길에 한 줄기 빛을 비추려고 하고 있다.

지역 만들기에 흥미가 있는 가고시마현립 이부스키고등학교 3
학년 쓰루 하루카(水流春花)는 항상 바쁘다.

학교에서 공부와 탁구부 활동을 하고 방과 후와 주말에는 지
역 상점가의 거리 활성화 활동과 봉사활동을 한다.

그는 "스마트폰 스케줄이 꽉 채워져 있어요."라며 웃는다. 취
재하기 위해 만난 야마가와 도서관에도 허겁지겁 뛰어올 정도다.

하루카는 어려서부터 '야마토쇼'의 단골이다. 책 읽는 것을 좋
아해서 엄마 손에 이끌려 온 것을 시작으로 초등학생 때는 동갑인
사촌과 함께 야마가와 도서관에 다녔다.

어릴 때 도서관 입구의 언덕을 넘으면 숨차고 목이 말랐던 것
을 지금도 생생하게 기억하고 있다.

"정말로 언덕이 너무 높았어요. 날씨 좋은 날에는 거의 매
일 왔지요. 야마토쇼에 도착하자마자 '보리차 주세요.'라고
말하곤 했어요."

그러나 정작 도서관에서 무엇을 했는지는 별로 기억이 없다.

"뭐가 그렇게 즐거웠는지 모르지만, 재미있었던 것 같기도
하고. 글쎄요. 뭘 했을까요?"

그 모습을 보며 그동안 하루카를 주욱 지켜본 히사카와 관장
이 "책도 읽고 이벤트에도 참가했지."라고 웃으며 말했다.
　집과 도서관은 천천히 걸어서 30분 거리. 그 길을 사촌과 공상
의 나래를 펴며 꿈꾸며 걸었다고 한다.

"톰과 제리 같은 고양이와 생쥐 캐릭터를 생각해 사촌은 고
양이, 나는 생쥐로 각각 가족과 친구가 있다 뭐 이런 식의 이
야기를 하곤 했어요…. 뭐가 그렇게 재미있었을까요?"

도서관 밭에서 고구마와 호박을 키운 적도 있다. 중학생이 되
어서도 '야마토쇼 다니기'는 계속되었다. 매일매일 도서관 카운터 너
머에 있는 히사카와나 다른 직원에게 '오늘 일었던 일'을 보고했다.
　만화 코너에서 자주 만화도 봤다. 다마하시 루미코(高橋留美
子)와 데즈카 오사무(手塚治虫)의 작품에 몰두했다. 그렇지만 꼭 무
슨 목적이 있어서 다닌 것은 아니다.

"도서관에 오면 누군가 분명히 있었어요. 친구도 있고 아

야노짱, 에리짱도 있으니까요."

아야노짱은 히사카와 관장, 에리코짱은 도구도메 에리(德留絵理) 부관장이다.

하루카는 숙제와 조사할 게 있으면 도서관의 책을 찾아보았다. "인터넷은 믿을 수 없으니까요."라고 힘주어 말한다.

그런 하루카가 지금 관심 있는 것은 지역 상점가의 활성화다. 크라우드펀딩에도 관심 있다. 왜 흥미를 갖게 되었을까.

"그런 활동을 하는 게 좋으니까요. 모두 야마토쇼 덕분이에요. 소라마메회 활동을 가까이에서 보면 컸으니까요."

그렇게 말하며 하루카는 또 한 번 웃는다. 지금은 너무 바빠서 도서관에 좀처럼 올 수 없는 것이 고민이다.

이부스키시 도서관에서는 하루카처럼 젊은 세대가 미래의 꿈을 키우고 있다.

여기에서 작은 마을의 도서관 이야기는 일단 막을 내린다.

책에 모두 담지 못한 많은 이부스키 사람들이 도서관에서 인생이 바뀌고, 도서관을 지원하고, 도서관과 함께 살아가고 있다.

여러분이 사는 마을의 도서관은 어떤 도서관인가. 이 책을 읽고 한번 방문해 주길 바란다.

혹시 인생이 바뀔 수 있고, 여러분이 도서관에서 기적을 일으킬

지도 모른다. 소라마메회 멤버들이 그렇게 한 것처럼.

지역에 기반한 제3의 장소로서의 도서관
– 비영리법인이 위탁 운영하는 시립도서관의 고군분투기

1. 작고 허름한 도서관

최근 그 유명한 다케오 도서관에 다녀왔다. 우리나라 코엑스 별마당도서관이 벤치마킹하여 더욱 유명해진 곳으로 도서관계 전문가라면 누구나 한번 가 봤을 곳이다.

이처럼 전 세계에는 태어나서 꼭 한번 가봐야 할 엄청난 도서관이 많다. 그 시설에 놀라고, 디자인에 놀라고, 섬세한 여러 장치에 놀라는 그런 곳 말이다.

이 책에 나오는 이부스키시립도서관은 그런 대단한 도서관이 아니다. 어찌 보면 망하기 직전의 도서관이었다.

도서관이 있는 가고시마 최남단의 이부스키시는 모래찜질 온천으로 유명한 곳이지만, 인구 3만 7,594명 규모의 작은 관광지이다.

이 책은 그런 작은 도시에서 평범한 여성 네 명이 만든 비영리법인이 전문 지식이 하나도 없는 상태에서 어떻게 15년 동안 저명한 도서관상을 싹쓸이할 정도로 인기를 끄는 도서관을 운영했는지를 기록한다.

흔히 사람들은 유명한 사람의 모르는 이야기에 관심이 많다고 한다. 셀럽의 신기한 일상이 대중적으로는 매력적이라는 의미다.

그런데 이 책은 평범한 사람들의 모르는 이야기다. 그만큼 우리의 일상과 가까운 이야기들이다.

2 . 활동 과정 자체가 '기적'

제목을 거창하게 '기적'이라고 했지만 망하던 도서관에서 특별히 책이 아주 많거나 대출이 활발해지는 도서관으로 변하는 기적을 의미하는 것은 아니다. 자세히 살펴보면 그들의 일상 활동을 통해 기적이 찬찬히 누적된다.

첫째, 운영 면에서 비영리법인으로서 촉박하게 위탁 경영을 맡게 되면서 갖가지 행정 처리에 미숙한 점이 많았지만 지역 전문가들의 '도움'으로 위기를 극복했다. 함께 만든 도서관인 것이다.

둘째, 환경 개선을 위해 '밝고 쾌적한' 환경에서 책을 읽을 수 있는 '분위기'를 조성하고자 했다. 엄숙하고 근엄한 도서관은 아닌 것이다.

셋째, 도서관의 핵심이라 할 수 있는 양질의 도서 구비를 위해 업체를 통한 일괄 구입보다 '지역 현실에 맞는 책'을 선별하여 구입했다. 그 어디도 아닌 바로 '지역'의 도서관이기 때문이다.

넷째, 소외된 지역의 책 대출 장소이자 커뮤니티 공간이었던 한평 도서관, 개방형 도서관, 농업문고 등 100년 된 전통의 의미를 살려 지역에 뿌리내리는 세심한 서비스를 제공했다.

특히 이용자의 궁금증을 해결할 수 있는 책을 끝까지 찾아주는 레퍼런스 서비스를 하며 지역사회와 연결('궁극적인 레퍼런스는 사람이다'), 제3의 장소로서 시민카페 운영, 각급 학교에 찾아가서 진행하는 출장 이야기회, 전국 어디에나 있는 이동도서관을 이동 북카페로 전환하여 운영한 것 등은 찾아가는 책 서비스라는 전통을 시대조류에 맞게 적절히 변화시킨 사례다.

다섯째, 의례적이고 형식적인 행사보다 주민의 요구를 중심으로 주민들이 즐겁게 부담 없이 참여할 수 있는 재미있는 행사를 '기획'했다. 매해 열리는 '매미 우화 관찰회', 지역 산물인 고구마를 기르고 관찰하는 '도서관 고구마', '봉제 인형 숙박회', '도서관 미스터리 투어(귀신의 집 이벤트)', '그림극장 공연', '종이접기', '책갈피 만들기', '도서관 페스티벌', '기차역 도서관' 같은 아이디어는 도서관 이용자들을 자세히 애정을 갖고 관찰해야 나올 수 있는 독창적인 지역 기획인 것이다.

운영, 환경 개선, 도서 관리, 서비스, 행사 등 다방면의 활동을 15년간 꾸준이 해오면서 도움, 분위기, 현실, 전통, 기획 등의 방법을 계속 연마한 것이 '기적'인 셈이다. 또한 활동 결과로 여성, 어린이, 노동자, 노인 등이 아무 부담 없이 활발히 오가는 장소로 변신한 것이 '기적'이고, 지역 초등학생이 한 달에 22권의 책을 읽게 된 그 결과가 '기적'이다.

그러한 기적을 높이 평가받아 올해의 도서관상뿐만 아니라 많은 상을 휩쓸었다. 시민과 함께하는 도서관의 다양한 활동을 많은 사람이 높이 평가하고 그만큼 소중하다는 의미 부여를 해준 것이다.

이 모든 것은 네 명 여성들만의 '성공 스토리'라기보다는 어린 아이부터 노인까지 지역 주민들과 만든 '지역 협력 스토리'에 가깝다.

3. 도서관은 제3의 장소, 문화수평운동의 장

엘리트 문화예술의 대안으로 생활예술, 문화민주주의 등의 개념이 있다. 누구나 문화를 접할 기회가 있다는 것이 핵심 개념이다. 지금 이 순간에도 전국 어딘가에서는 활발한 문화 활동이 전개된다.

도서관 역시 문화다. 그저 책만 읽는 곳, 숨죽여 조용히 공부만 하는 곳이 아니다. 도서관만의 문화가 아니라 지역 전반에 책을 매개로 구석구석 파고드는 문화수평운동이 중요하다.

"도서관은 누구라도 이용할 수 있는 공공장소이자 평생 만나기 힘든 사람을 만나는 장소이기도 하다. 그런 만남이 때때로 인생을 바꿀 수 있다는 것을 우리는 경험으로 알고 있다."

"책은 혼자 읽지만 한 권의 책에 관해 다른 사람과 이야기 하면 또 다른 기쁨이 생긴다."

생산 현장과 하루 일과에 지친 사람들 혹은 미래에 대한 준비를 하고 싶은 사람들, 먼 인생의 여정을 지나 조용히 사색에 잠기며 소소한 교류를 하고 싶은 사람들, 책이 궁금해서 친구들과 놀러 오는 아이들 등 남녀노소 누구나 즐길 수 있으면서도 꼭 필요한 곳, 그곳이 바로 도서관이다. 그리고 그 장소는 지역 전체가 도서관이라는 개념으로 확장된다.

4. 지역 알기, 도서관 알기, 지역과 도서관 연대

어쩌면 이 책에 소개한 다양한 활동 사례는 우리나라에서 이미 실행하고 있는 것들일 수 있다. 아니 그보다 나은 많은 좋은 서비스들이 지역 곳곳에서 활발히 전개되고 있기도 하다.

그런데도 굳이 '기적'이라는 거창한 표현까지 들먹이며 이 책을 번역한 이유는 도서관의 모든 활동이 좀 더 '지역 깊숙이' 들어가 최종적으로는 다양한 사람을 움직이게 되었으면 좋겠다는 바람 때문이었다.

결과로서의 활동보다 활동이 만들어지는 과정에서 현실과 사람을 고민하는 마음이 더 깊어지면 좋겠다. 반드시 많은 사람이 책을 읽어야 한다는 부담스러운 미션이 아니라 지역 어디나 도서관이 되고 도서관을 매개로 모두가 움직일 수 있다면 그것은 그 나름대로 행복한 상태일 것이다.

그리고 기왕에 지역의 관광지가 있다면 도서관도 당당히 그 리스트에 오를 수 있는 상태가 되면 좋겠다.

책 속에 길이 있다면, 그 길은 지역 전체로 확장되어 사람의 마음을 움직이는 길일 것이다.

2024년 3월

역자를 대표하여

조희정

로컬 도서관의 기적

ⓒ이가야 치카

초판 1쇄 발행 2024년 3월 31일

지은이 이가야 치카
옮긴이 윤정구·조희정
펴낸이 서복경
기획 엄관용
편집 이현호
디자인 와이겔리

펴낸곳 더가능연구소
등록 제2021-000022호
주소 04071 서울특별시 마포구 성지길 36-12, 1층(합정동, 꾸머빌딩)
전화 (02) 336-4050
팩스 (02) 336-4055
이메일 plan@theposslab.kr
인스타그램 @poss_lab

ISBN 979-11-981812-3-7 03300